書評の仕事

印南敦史

ワニブックス
PLUS新書

はじめに

本書に興味をお持ちいただき、ありがとうございます。

僕はウェブメディアを中心に、複数のメディアで書評を執筆している書評家／作家です。「ライフハッカー［日本版］（以下：ライフハッカー）」「東洋経済オンライン」「ニューズウィーク日本版」「マイナビニュース」「サライ.JP」「WANI BOOKOUT」など関わっている媒体はさまざまで、執筆量もかなり多いと思います。

たとえばライフハッカーは基本的に土日祝を除く毎日更新ですし、他にも毎週入稿しているものが数本、残りのメディアも月にそれぞれ数本ずつの更新ペースです。つまり締め切りはほぼ毎日あるわけで、書評だけでも月間で40本近く書いていることになります。また、それ以外に書評以外のコラムやエッセイなども書いていますから、けっこうな仕事量になるのです。

そのため「よく書けるね」と驚かれることもあるのですが、自分では能力やスキルの問題ではないと思っています。簡単な話で、やるべきことを愚直に続けてきただけのこと。あまり要領がいいほうではないので、やらなければいけないことをやるしかなく、そんな気持ちで続けていたら、いつの間にか道ができていたというような印象です。

どうあれ続けていると、それなりにいいことはあるものです。実績をコツコツと積み上げてきた結果、ありがたいことに複数の出版社の方々から、「印南さんの書評が出ると、アマゾンでの売り上げが激増するんです」などといっていただけるようになったのです。実際、Ａｍａｚｏｎ総合ランキング1位になった本も少なくないのだとか。

といってもランクを上げるために書いているわけではありませんし、そもそも「ランクを上げるための策」みたいなものもあるはずがないので、自分ではピンとこないんですけれどね。

いずれにしてもそんな流れのなか、文章を書く際の秘訣や書評家としての仕事のやり方、あるいは業界の裏側など、さまざまなことについて聞かれる機会も増えました。

そこで経験を軸として、書評にまつわる多くのことをまとめてみたのが本書なのです。

などと書くと、「別に書評なんか書かないから関係ないや」と思われるかもしれません。たしかにそうともいえますね。でも実際のところ、書評に関するあれこれは、意外と他の多くのことに応用できるものでもあります。なぜなら書評を書くにあたっては、「読みかた」「書きかた」「選びかた」「接しかた」「考えかた」など、さまざまなことが絡んでくるから。それらはすべて、書評家以外のあらゆる仕事にとっても重要なファクターとなるはずです。

たとえば書評を書くにあたっては、本の内容を簡潔にまとめなければなりません。その過程で用いるスキルは、要点を短時間で伝えることが求められる企画書の作成などにも活かせることでしょう。それはほんの一例ですが、応用できることは決して少なくないのです。したがって、多様な仕事に携わる読者の方に役立つ、ちょっとしたスキルを提供することもできるのではないかと考えているわけです。

さらには本書を読んでいただければ、なかなか明かされる機会のない「書評家」という仕事の苦労や喜び、あるいはプライベートなどを知っていただくこともできるはずです。そして、この仕事について知っていただくことで、本というメディアに多少なりとも愛着を感じてもらえるかもしれません。

出版不況といわれるようになってかなりの時間が経ちますし、たしかに本が売れているとはいえなさそうです。しかし忘れるべきでないのは、それでも本が好きな人は確実に存在するという事実。そんな「見えにくいけれど当たり前のこと」を、書評に関する記述のなかから感じ取っていただけるなら、とてもうれしいと感じるのです。

ところで調べてみたところ、初めて書いた書評がライフハッカーで公開されたのは2012年8月26日のことでした。つまり現時点で、約7年半も書き続けていることになります。7年もの歳月が過ぎれば、いろいろなことがあって当然。そもそも僕はそのとき「書評を書きませんか?」と声をかけていただくまで、書評を書いたことなどなかったのです。それどころか、まさか自分が書評を書くことになるなんて思ってもいませんでした。

もともとは音楽ライターとして「書く仕事」を始めた人間で、1990年代後半あたりまでは（当時はたくさんあった）音楽雑誌を主戦場としていました。やがて少しずつ一般誌へと移行していったのですが（とはいえ現在も、音楽ライターをやめたわけではなく、細々と続けてはいます）、やがてリーマンショックが到来。仕事が激減するなか、「これからどうしよう……」と追い詰められていたタイミングで書評の依頼が届いたのです。

リーマンショック後は地獄を見ていただけに、とてもありがたいことでした。ですからこの仕事を続けていられることには、心の底から感謝しています。

また、やったことのなかった仕事だからこそ、「やってみたい」と強く感じもしました。好奇心を刺激されたため、やるからには読者に喜んでもらえるような書評を書こうと心に決めたわけです。

その結果、多くの方が僕の書評を読んでくださり、ありがたいことに書評家としての知名度はどんどん上がっていきました（実は僕自身がいちばん驚いています）。また、気づけばいつしか、書評家として書評を書くことにやりがいを感じるようにもなっていました。大げさだといわれそうですけれど、書けば書くほど「天職かも」という気持ちが大きくなっていったようにも思えます。

そんな経緯を経てきているだけに、本書のなかからは単なる「書評ガイド」にはない複数の「入り口」を見つけ出すことができるのではないかと自負しています。書評そのものに興味をお持ちの方はもちろんのこと、書評に付随するいろいろなトピックスに関心があるという方にも、ビジネスでの読み書きのスキルを高めたいという方にも、業界事情を覗いてみたいという方にも、きっとお役立ていただけるはず。

いや、もちろん実用性もあるはずですが、あまり堅苦しく考えず、リラックスして楽しんでいただきたいと思っています。その結果、なにかを感じとっていただけたとすれば、これほどうれしいことはありません。

印南敦史

書評の仕事　目次

第2章　書評家の「裏」話……71

第4章　書評の技術・書評の教養

第1章　書評家の仕事とは

書評とは？

「はじめに」でも触れたとおり、現在で書評家になってから約7年半。夏が来れば8年です。8年といえば、幼稚園の年長さんだった子が中学生になってしまうほどの歳月。小学6年生だった子も、20歳になりお酒が飲めるようになるのですから、そう考えるとなんとも不思議な気がします。

そして、そんなタイミングだからこそ、まずは「書評とはなんなのか」について改めて考えてみたいと思うのです。いまさらなにをいってるんだとツッコミが入りそうではありますが、なぜ書評が存在し、なぜ、それらが読まれるのかについて考えてみることは、決して無駄ではない気がしています。

試しに辞書で「書評」を引いてみると、「〔読者のために〕新刊の書物の内容を紹介・批評した文章」とあります（三省堂『新明解国語辞典』第七版）。つまりは、「読者に向けた新刊ガイド」としての役割がそこにはあるのです。

ただし個人的には、新聞や雑誌などの〝紙媒体〟における書評（ここでは便宜的に

「トラッド書評」［※トラディショナル（traditional）の略。「伝統的」の意］と呼びます）は、必ずしもその役割を果たしていないのではないかとも感じています。

いちばん気になってしまうのは、表現の仕方。すべてがそうだとはいいませんが、たとえば大学教授などの偉い方が書かれた書評には、難解で読みにくいものが多いように思えるのです。

そのせいか、そういった書評を読む際には、無意識のうちに「内容をきちんと理解しなければ……」と少なからず緊張することにもなってしまいます。ですから読み終えても、「紹介されているこの本を読んでみたいなあ」という思いにまでなかなか至らないのです。

でも、もし書評の目的が「（読者のために）新刊の書物の内容を紹介・批評」するものであるのなら、それって本末転倒ですよね。「なるほど、これはおもしろそうな本だな。読んでみよう」と思わせることが、書評の役割なのですから。

だとすれば、書評は簡潔かつ平易な表現で書かれているべきだと個人的には強く思うわけです。

加えてトラッド書評には、書き手の主観が反映されすぎているものが少なくない気もします。だとしたら、それは「ガイド」としてのバランスを揺るがす問題にもなってしまうのではないでしょうか。

インターネットが書評を変えた？

トラッド書評はそういう意味で、どこか近づきにくいのです。そもそも文章が難解だと内容を理解しづらいので、「もういいかな」という気分になってしまったりもします。少なくとも、僕はそう感じていました。

紹介されている本自体に責任はないのに、書評を読んだ結果、「これは自分には手が届きそうにない本だな」「縁のない本だな」と敬遠してしまうことになったのなら、読者は本と出会うチャンスのひとつを失ったことになります。したがってその書評は結果的に、「〈読者のために〉新刊の書物の内容を紹介・批評」していないことになってしまいます。

このように、トラッド書評については思うことが少なくなかったのですが、ウェブメディアが進歩した近年は、ちょっとした変化が起きているようにも感じます。

ウェブ上で公開されるさまざまな書評が、「気軽に読める（情報収集ができる）文字情報」として健全に浸透しているという実感があるのです。新聞や雑誌の書評を読むときには、多少なりとも「理解しなければ……」というような緊張感がついてまわるものですが、ちょっと乱暴ないい方をすると、ウェブ上にある書評の多くは「なんとなく消費できる」のです。

不真面目そうに聞こえるかもしれませんが、書評を「なんとなく消費できる」ことには大きな意義があります。書評を読んだ結果としてその本のことが気になったのであれば、実際に手に取ってみればいいいし、なんとも思わなかったなら忘れてしまえばいいのですから。これは理屈の問題ではありません。

いわば読者にとってのガイドラインとして機能してくれるわけで、それは書評の理想的なあり方ではないかと感じるのです。単純に、新聞や雑誌のページをめくるよりも圧倒的に楽ですしね。

そういう意味では、インターネットが書評を「あるべき姿」に近づけてくれたのかもしれません。いいかえれば、書評のあり方に変化が訪れてきているのです。僕は、そこに可能性を感じています。

ネオ書評

もちろんそれは、トラッド書評を否定するという意味ではありません。もちろんそれらにも価値はありますし、実際問題、こういうことを書いている僕も少なからず参考にはしているのですから。

しかしトラッド書評が存在する一方、現代においてはこれまでなかったタイプの書評が生まれ、成長し続け、市民権を得ているということにも目を向けるべきだと思います。おもに情報系のサイトにおいて一般化している、目的も表現方法も読者層も旧来のものとは異なる書評がそれ。

わかりやすくいえば、僕がライフハッカーで書いている「情報としての書評」が、まさにそういうタイプです。手前味噌ではありますが、そこにはトラッド書評と共存すべき、しかし読者対象の異なる、新しい時代の書評としての価値があると思っているのです。

もちろん、それが書評のすべてではありません。が、トラッド書評とは別の場所で、新たな書評が読まれる時代が訪れたと解釈すべきだと考えているのです。

ご存知のとおりライフハッカーは、いま知っておくべきさまざまな情報をいち早く伝えることを目的とした「情報系サイト」です。端的にいえば読者は、自分に必要な情報がそこにあることを期待してアクセスするわけです。

だとすれば、そこでは書評も「役に立ちそうな情報」として用いられるべきだということになります。のちほど詳しく触れますが、書評にもいろいろなタイプがあります。オピニオン（主張）が求められる場合も多く、僕もそういうタイプの書評を書くことだって少なくありません。

しかし媒体としての位置づけを考えると、少なくともライフハッカーでの書評は「情報」であるべきで、だとしたらそれは、これまでになかった、新しいタイプの書評であると考えることもできるはずです。

そういった書評を、ここでは「ネオ書評」と呼びましょう。

ネオ書評の目的は情報提供なので、そこに主観や批評は求められません。頭の固い人からは、「そんなものを批評だとはいえない」といわれてしまいそうですが、いまやトラッド書評とは別の場所に、ネオ書評の「あるべき場所」が生まれ、それが認知されているのです。

「自分」はどこにいるのか

ですから僕は少なくともライフハッカーにおいては、批判的なことはできるだけ書かないようにしていますし、自分の意見もなるべく排除しています。それは、情報系サイトではできる限り情報提供に徹したいという思いがあるからです。

情報系サイトである以上、そこで求められているのは「おもしろそうな本」や「ためになりそうな本」や「気持ちが楽になりそうな本」にアクセスするための情報であり、僕個人の感じ方、考え方ではありません。だから、「紹介」に徹しているのです。

ただし、それは「情報メディアであるライフハッカーだから」していることでもあります。別に「どんな媒体でも自分の意見をいわない人」というキャラを守っているわけではないのです（そんなの無意味ですし）。ですから、「個」を出すべきメディアにおいては積極的に持論を展開しています。

たとえばいい例が、「ニューズウィーク日本版」で書いている書評です。ここでは社会問題などを題材としたドキュメンタリーなどを取り上げることが多く、求められているのも個人としてのオピニオンです。

「ためになりそうな情報」というよりも「書き手の意見や考え方」が重視されるわけで、つまりはトラッド書評に近いのです。ですからその点を意識し、自分の感じ方、考え方を述べるようにしているということです。もちろん、主観に偏りすぎないように注意はしていますが。

ちなみに余談ですが、僕はもう7年くらい、「印南敦史の、おもに立ち食いそば」という食に関するブログを書いています。もちろんこれは遊びのようなものなので、書いているのはバカなことばかりです。

あるとき、書評とブログを読んでくれている知人からこんなことをいわれたことがありました。

「朝に公開されるライフハッカーの書評と、ニューズウィークや東洋経済オンラインなどでの書評、それから夜に公開されるブログとでは、人格がまったく違う」と。

思わず笑ってしまったものの、納得できる話でもありました。なぜならライフハッカー、ニューズウィーク、東洋経済オンライン、その他もろもろの連載、そしてブログとでは、目的も違うし読者ターゲットも違うからです。それらに合わせて書き分けているからこそ、「人格が違う」ように感じる方がいらっしゃっても不思議ではないのです。

そんなことも含め、「自分」がどこにいて、どこへ向けて発信しようとしているのかを考えることが非常に大切だと考えているということなのです。

書評今昔（スマホ前／スマホ後など）

トラッド書評がなお現存する一方、ネオ書評が台頭してきたことによって、〝書評のある世界〟にひとつの大きな変化が訪れたような気がしています。そしてその変化は、書評と読者、読者と本をつなぐ、大きな可能性を秘めているのではないかとも思っています。

簡単にいえば、ネオ書評が現れたことによって、手に届きにくかったものが届きやすくなった、もしくは、遠くにあったものが近づいてきた、ということです。

トラッド書評しかなかった（ある意味で、それだけが書評の正しいあり方だと考えられていた）時代、書評はどこか特別なものだったのではないでしょうか？　あたかも相応の知識や情報量を持っている人たちのためだけにあるような（もちろんそんなことはないのですけれど）、それらを持たない人には近づきがたい、読む気にならないものだったのです。

なぜなら、先にも触れたように「難しい」からです。難しさが、「ここに入り込める人は限られているんだよ」という空気を醸していたわけです。

そんな状況を大きく変えたのは、ネオ書評のようなこれまでになかったコンテンツと、その受け皿であるプラットフォームです。それらが絡み合うことによって「誰でも覗いてみたくなる」ような状況が生まれたからこそ、多くの人に門戸が開かれたのです。

そしてその可能性を、スマートフォンがさらに広げました。わざわざパソコンを開かなくても、そこ（ネオ書評）まで片手でたどり着ける状況ができ、書評というものがさらに広く認知されるようになったわけです。

極端な表現を使うとすれば、それまで書評というものがあることを知らなかった人ですら、それが書評であるということを意識する必要なく書評に触れることができるようになったということ。

これはとてつもなく大きな変化ですし、そんな時代になったからこそ、書評を書く側、すなわち書評家の意識にも変革が求められているのではないでしょうか？

書評家に求められるもの

先述したとおり、従来の書評家のあり方は「読んでくれる人」を意識しなくても成立するものでした。という書き方は、トラッド書評を書いてきた方々の神経を逆撫でしてしまうかもしれません。しかし現実問題として、「わかる人にわかればいい」という部分は少なからずあったように思えるのです。

僕はここまで生きてきたなかで、「書評って、なんか難しい」というような意見を複数の人たちから聞いてきました。それは、従来の書評家に「わかる人にわかればいい」という意識(無意識かもしれませんが)があった影響なのではないでしょうか? だとすれば、これまで書評は「選ばれた人たち」のものだったともいえるはずです。

そう考えると、ネットやスマホが書評との距離を縮めてくれたことには大きな意味があることがわかります。ほんの少しでも関心を持てたなら、すぐにそこへアクセスできる環境が整ったということなのですから。

しかし、そのぶん書評家に求められる責任も大きくなったのかもしれません。また書評家である以上、そのことを常に意識し、実践し続けなければいけないとも考えています。

間口が広がって、入りやすくなったのはとてもよいことです。しかし、そこには相応のクオリティも求められるべきです。入りやすいけれど、文章としてのレベルが低かったとしたら、やはりそれはあまり意味のあることではないからです。

いいかえれば書き手は特権的な意識を持つべきではなく、同時に、最低限の品質を保った文章を書かなければならないわけです。

とくに問題ではない、当たり前のことのように思われているのかもしれませんが、キュレーションサイトのたぐいが氾濫するなか、ネット上にある文章のクオリティは著しく下がっていると思います。ハードルが下がったのは喜ばしいことですが、しかし必要最低限の品質は保たれていなければなりません。硬いと思われるかもしれませんが、それは硬いか柔らかいかの問題ではなく、守るべき〝当たり前すぎること〟だからです。

どこまで「自分」を出すべきか

さて、このことに関連して、どうしても書いておきたいことがあります。情報メディアにおいて、どこまで「自分」を出すべきかという問題。そんなことについて書きたくなったのは、現実問題として、そのことを意識していない、すなわち自分の役割を理解していない書き手が少なくないと感じるからです。

偉そうに聞こえるかもしれませんが、ウェブメディアが浸透した結果、本来的な「書き手の常識」を理解していない人が増えたことは否定できません。しかし文章を生業《なりわい》としている人間からして、それはやはり無視できないのです。

ただし、まず改めてお断りしておきたいことがあります。いまから書こうとしていることは、「紹介」に徹するべき情報メディアに限った話だということ。オピニオンメディアの場合はニーズが違ってきますので、必ずしも当てはまりません。

繰り返しになりますが、情報メディアに対して読者が求めているのは「情報」であり、「個人」の考えではありません。わかりやすくいえば、情報発信者の「顔」はどうでもいいのです。

たとえば僕はライフハッカーにおいて、自分がどのような人間で、どんな意見を持っているかを書く必要はないと考えています。

伝えるべきものが「情報」である以上、主観が求められることはほとんどありません。そんななかで書き手が「私は～」というように自分を出しすぎてしまうと、やはり違和感が生まれてしまいます。そこで本人が「自分」を表現したいと思ったとしても、読者にとって、それは「誰もアンタの意見なんか聞きたくない」というレベルの話。

そのため、むしろ違和感が生じてしまっても当然なのです。少なくともそこでは、「お呼びでない」ということになってしまうわけです。

書き手である以上、「こう書いたら読者はどう感じるか？」ということは考える必要があります。だとすれば自己主張は、「それができる場所」だけにとどめておくべき。

したがってネオ書評においては、少なくともそれが「情報」として機能している以上は「書き手が出すぎない」ことが重要です。いいかえれば、従来の書評とは違ったそのようなスタンスを貫いているのがネオ書評だということになります。

しかし、自分の意見を出さなかったとしても、別のかたちで自分らしさを表現することはできます。たとえば「なぜ、その本を選んだのか」「その本のどこに焦点を当てるのか」などが個としてのメッセージになるからです。これについてはのちほど詳しく書きますが、「どの本の、どの部分を抽出し、どのように伝えるか」ということが、ネオ書評の売りとなる重要なポイントだということです。

「オピニオン系書評」や、その他のタイプ

大切なことなので繰り返しますが、それぞれのウェブメディアにそれぞれ異なる読者がついている以上、書き手はそのメディアに即した表現をすべきです。ひとつの書き方が、どのメディアでも通用するわけではないからです。情報メディアとオピニオンメディアでは、性格も求められるものも違っているのですから。

そう考えているからこそ、僕はライフハッカーのようなニュースメディアでは主張を控え、対してニューズウィークなどでは自分の意見や考え方を意識的にアピールしてい

るのです。

ちなみに個人的な感覚では、「情報」と「オピニオン」をさらにバランスよく配列した媒体が「東洋経済オンライン」だと捉えています。情報伝達と自己主張が、ちょうどいいバランスで共存しているような感じ。

とはいえ、あらゆるメディアが両者のどちらかに分かれるということではありません。それらとはまた違った読者に向けられた媒体もあるわけで、そこでは相応の表現が求められるのです。僕が担当している媒体でいえば、「マイナビニュース」「サライ.ＪＰ」「ＷＡＮＩ ＢＯＯＫＯＵＴ」などがそれにあたり、それぞれが異なった層へ向けられています。

「マイナビニュース」では、読者の悩みに適したビジネス書を紹介する「ビジネス書に訊け！」という連載を持っています。そこで、この場においては自分の体験談なども交えつつ、なるべく読者に寄り添いながら適切なビジネス書を紹介しています（書評とは無関係ですが、それとは別に「中央線『昭和グルメ』を巡る」という連載も持っています）。

「サライ.JP」は、これから定年を迎えようとしている50代前後の男性をメインターゲットにしています。1962年生まれの僕はいま57歳なので、読者とほぼ同世代。というわけで、「健康」や「定年」など、この世代にとって関心が高いであろうトピックスを取り上げています。

そして「WANI BOOKOUT」は、おもに女性読者に向けられたライフスタイル・メディア。ということで柔らかな表現を用い、気軽に読めるようなテイストを心がけています。

また「文春オンライン」では、〝B中華〟というカテゴリーを設定し、ラーメン関連の連載を持っていたりもします。

このように、メディアの性格や読者層に応じて書き分けをしているのですが、それもまた書評家としての役割だと思っています。

書評家に必要なこと

先にも触れたとおり、書評の目的は「〈読者のために〉その本の内容を紹介・批評すること」です。だとすれば、いくつかのことが重視されなくてはなりません。というよりも、書評家がすべきことは次の1、2に尽きると個人的には思っています。

1．伝える＝伝わりやすい書き方を考え、実行する
↓
2．共感をつかむ＝読者の目線に立つ努力をする

当たり前の話。「な～んだ、それだけのことか」と思われるかもしれませんね。なにしろ伝わらなければ意味がないのですから、伝え、その結果として共感が得られればいいのです。いたってシンプル。

しかし、そうはいっても、これは決して簡単なことではありません。

まず1に関して。

伝わらなければ意味がないのだとしたら、「どういう書き方をすれば伝わりやすいか」「どういう書き方を避けるべきか」などを考えて書かなければなりません。詳しいことはのちほど改めてご紹介しますが、ただ書くだけではだめ。書いたことが伝わらなければ意味がないのですから、「伝わるためには、どのような書き方をすべきか」について熟考する必要があるのです。

加えて難しいのが2です。

書評家である以上は、少しでも読者に近い目線でものごとを見て、感じ、それを文章にする必要があります。その結果、読者に「ああ、なんとなくわかるな」と思ってもらえれば、読者と自分との間に「共感」を生み出すことができるからです。それが実現できれば、そこで初めて読者を納得させられるということです。

とはいえ人間はひとりひとり違いますから、すべての人から共感されることは決して簡単なことではありません。しかし、それでも、できる限り読者に近づき、「彼らはなにを知りたくてその書評を読むのか」について熟考しなければならないのです。それをしなければ、単なる自己満足になってしまう可能性もあるからです。

具体的にいえば僕の場合は、読者に〝おトク感〟を提供することが重要だと考えています。たとえばビジネス書の書評なら、その書評を読んだ結果、「なるほど、これは自分の仕事に活用できそうだな」というようなことを実感できれば、その書評はその読者にとって有用な書評だということになるからです。

また、読者はさらに、「こういう役立ちそうなアイデアが載っている本なら、実際に読んでみようかな」という気持ちになってくれるかもしれません。だとすれば、その書評は読者にとって意味のあるものとなります。

他の書評家の方々が、果たしてどう思っていらっしゃるのかはわかりません。しかし少なくとも僕は、この点について日々考え、試行錯誤し続けています。

手間はかかりますけれど、だからこそ伝わったと実感できたときには大きな喜びを感じるのです。つまり書評家である自分にとっては、共感こそモチベーションを高めるための重要な要素だといえるのかもしれません。

反感について

さて、共感について考えていたら、その対極にある「反感」についても書いておきたくなってきました。もちろん反感はネガティブなものではありますが、しかしそれもまたリアクション。だとしたら、そのことについてもきちんと考えておかなければならないからです。

また繰り返しになりますが、共感とは「こうすればオッケー！」というようなメソッドに従えば得られるようなものではありません。むしろ、そういう思惑が透けてくると、すぐ読者に見抜かれてしまうでしょう。

つまり、まずは誠実であること、それが重要です。ところが、どれだけ誠実さを大事にしていたとしても、共感してもらえないことだって当然あり得ます。人はそれぞれ、感じ方も考え方も違うからです。そういう意味では、すべての人に共感してもらえるようなことはあり得ないといっても過言ではないでしょう。

ですから常に、「すべての人に共感されるとは限らない」「場合によっては反感を示されることもあるかもしれない」ということを肝に銘じておく必要があるだろうと思っています。

もちろん反感を示されれば気持ちは落ち込みますし、つらく感じます。でも、それが避けられないものであるのだとしたら、できることはただひとつだけ。

なにがあっても、誠実であること。

つまるところ、それ以外にないのだろうなと僕は考えています。

もちろん違う考え方の人もきっといて、たとえば反感を買うようなことを意図的に書く、すなわち「炎上芸」のようなことが得意な人だっていることでしょう。本人がそういうやり方に納得していて、また、読者もそんな炎上っぷりに期待しているのであれば、その書き手と読者との関係はある意味で健全なものだといえるのかもしれません。

ただ、個人的にはそういうことがとても苦手なので、決して炎上商法のようなことはしたくないと考えています。

書評家としての一日

書評家と呼ばれる人たちは、いったいどのような生活を送っているのでしょうか?

ただでさえ、人の私生活は気になるものです。ましてや聞き慣れない職種の人のそれであれば、余計に興味が湧いてくるものかもしれません。もちろん書評家といっても、生活スタイルは人それぞれ。ですからさほど参考にならないかもしれませんが、参考までに僕の一日を簡単にご紹介したいと思います。

起床はだいたい、6~7時の間くらい。ただ、先日たまたま5時に目が覚めてしまったことがあり、勢いで起きて行動してみた結果、とても快適で仕事も進みやすいことを実感しました。ですからそれ以来、また5時に起きようと努力はしているのですが、なかなか実現できません。ですから、5時起床を習慣化することが目下の目標ではあります。

起きて、着替えや洗顔、朝食など、朝にすべきことをひととおり終えたのち、書斎のパソコンをつけるのが7時半くらいでしょうか。ちなみに午前中は「TuneIn」にアクセスし、南カリフォルニア大学が運営している「KUSC」というクラシック専門局を流しっぱなしにしています。たまたま見つけて聴いてみたら、なかなか好みに合った局だったというだけの話なのですが。

で、毎朝6時30分に公開されるライフハッカーの記事についての情報、その他のサイトで公開された記事の情報をフェイスブック、ツイッター、LINEで告知。その後は毎日見ているニュースサイトやブログなどをささっと確認します。

自分が寄稿しているサイトはもちろん、朝日新聞デジタル&w、NEWSポストセブン、いくつかのまとめサイト、個人のブログなど、考えてみればかなりの量のサイトやブログを毎朝確認しています。

もちろん時間は限られていますから、すべてを念入りに読み込むわけではなく、ざっとチェックして興味を持ったものを読む程度。しかし、それでも相応の時間を使うので、「削ってもいいものがあるのではないか」「必要なものだけに絞って、もっと時間を有効に使うべきではないか」と、常に悩んでもいます。

そして原稿の執筆を開始するのは、早ければ8時台、遅ければ9時半くらいから。やはり、午前中のほうが圧倒的に頭が冴えているからです。

お昼を食べたら、午後もまた執筆。でも僕はかなり集中するほうなので、数時間もするとさすがに頭が疲れてきます。そこで、そんなときには居眠りをしたり（51ページで触れています）、1時間ほど自転車で走り回ったり、近所の書店を覗いてみたり、気分転換をするようにしています。

そうこうしているうち、あっという間に一日が終了。夜は一杯やりながら家族と食事をし、その後は書斎に戻って読書や、アルコールが入っていない場合はさらに原稿を書くことも。そして12時前にはベッドに入り、本を読んでから眠ります。なお休肝日には、9時台からベッドで本を読み始めることもあります（それがけっこう心地よくて）。

出かける用事がない限りはこんな感じで、ライフスタイルはとにかく地味。マスコミの端っこにいるというと華やかな毎日を送っているんだろうと思われることも少なくないのですが、実情はこんなものです。でも、こういう生活が性に合ってもいるのです。

書評家と「時間」

ライターなど文筆業者の世界には、「年末進行」「お盆進行」などの専門用語がありま す。年末やお盆の時期は印刷屋さんがお休みになってしまうため、締め切りが早めに設定されることから生まれたことば。ウェブの場合、印刷屋さんは関係ありませんが、とはいえ編集からアップロードまでの作業はありますから、やはりその時期は締め切りが速くなる傾向があるように思います。

ですから年末やお盆前になると「年末進行で死にそう」「お盆進行だけど自分には休みがない」などの不満の声が、いろんなところから聞こえてきます。時間的制約ができたとしたら、そのあおりを最初に受けるのはライターですから、まぁ仕方がないことです。

が、あるとき気づいたのです。

「考えてみると、僕の場合は毎日が年末進行なのでは?」って。

先にも触れたとおり、毎日更新される「ライフハッカー」を筆頭に、毎日なにかしらの締め切りが待っています。なにもなかったとしても前倒しして先の原稿に手をつけますし（そうしないと、あとから困ることになるので）、実質的にほとんど毎日なにかをしているのです。

もう何年もそういうサイクルで動くことが当たり前で、しかも仕事は好きなので、特に不満を感じたこともなかったのです。そのためなんとなく、そういうものだと思い込んでいたわけです（〝鈍感〟であることがうまくいったケース）。

だから、というわけではありませんし、ましてや誰かを非難したいわけでもないのですが、なにしろそんな状態ですので、「年末進行だー」「お盆進行だー」という不満を耳にすると、「こっちは毎日締め切りだー」とツッコミを入れたくもなってくるのです（もちろん、心のなかでコッソリ突っ込んでるだけですけど）。

そうでなくとも、「時間がない時間がない」と口に出したがる人はどこの世界にもいるものです。けれど、そもそも時間はすべての人に平等に与えられています。なのに時間がないのだとしたら、それは間違いなく本人の時間の使い方に問題があるということになります。「時間がない」「忙しい」と口に出すということは、「自分には時間管理能力がない」といっているのと同じことなのです。

それって、あんまりかっこいいことではないですよね？

時間は自分でつくるもの

僕は時間について、ひとつの考え方を忘れないように心がけています。「時間はなくなるものではなく、なくならないようにできるもの」だということです。

もしも時間が「いつの間にかなくなってしまう」のだとしたら、そこにはなんらかの原因があるはずです。しかし、天変地異などの外的な要因を除けば、それは誰のせいにできるものでもありません。つまり、「外的な要因に邪魔されたから時間がなくなってしまった」などと考えるのはナンセンスなのです。

なぜなら、時間は「なくならないようにできる」から。時間が時間である以上、それはどうにでもコントロールできるのです。うまくいかないのであれば、うまくいくための方法を考えてみればいいだけの話。いろいろ試してみれば、自分なりの策は必ず見つかります。

ここまでいい切れるのは、僕自身が毎日時間に追われながら試行錯誤を繰り返してきたからです。その結果、時間をつくることはできているのですが、ただし、それでも「ギリギリでなんとか時間をつくれている」という程度。現状に満足できているわけではなく、仕事をしようとしても気が進まないときだってもちろんあります。

そんなときはダラダラとネットサーフィン（いま書いてから思ったのですが、これって死語ですね）をしたり、なんの生産性もないＹｏｕＴｕｂｅ動画を眺めてしまったりして、「時間を無駄に浪費してしまった……」と落ち込んだりもします。そして、「もうこういう無駄な時間の使い方はしないようにしよう」と反省するのです。

それでもまた似たようなことをしてしまうのですけれど、とはいえ失敗を重ねていけば、そのぶんだけ同じ過ちを繰り返さないように心がけるようになるもの。すると（おそらく）自分でも気づかないうちに、少しずつ、少しずつ、時間の使い方がうまく……いや、マシになっていくのではないでしょうか。まさにトライ＆エラーですが、それは決して無駄ではなく、長い目で見れば、やがて時間の有効活用につながっていくのだと考えています。

なお、時間をつくるうえで僕が心がけているのは、自分を客観視することです。ダラダラしてしまうことも少なくないからこそ、「いま、自分は時間を有効に使っているか?」と自問する習慣をつけているのです。

当たり前すぎることだと思われるかもしれませんが、それはとても大切なことです。自分を客観視すれば、ストイックになれるからです。

・「自分は時間を有効に使っているか?」と自問する
・もし有効に使えていないなら、「どうすべきか」を考える
・ある程度有効に使えているなら、そのペースを意識する（ペースを意識すれば、時間を有効に使う感覚がわかってくる）

たったこれだけのことを習慣化するだけで、時間の価値がわかり、使い方もわかってくると思います。

気の進まない仕事を優先する

僕はご飯を食べるとき、基本的に〝嫌いなものは先に食べ、好きなものは最後に食べる〟タイプです。好きなもの＝お楽しみは最後にとっておきたいし、嫌いなものはとっとと食べてストレスをなくしてしまいたいのです。早い話が幼稚なのですが、同じことは仕事にもいえるかもしれません。

いくら文章を書くことが苦にならないといっても、仕事である以上、やりたいと思う仕事と、気の進まない仕事はあるものです。でもそんなとき、後者を後回しにしたり先送りしたりすることが僕にはできないのです。なぜって、気の進まない、あるいは嫌いな仕事を後回しにしてしまうと、ずっとストレスを抱えなければならないから。

「好きな仕事を優先して、あとから嫌な仕事をやろう」という発想もあるでしょう。しかし実際のところ、〝優先した好きな仕事〟をしている最中にも〝後回しにした嫌な仕事〟のことが気にかかってしまい、結局はストレスを抱え込むことになってしまったりするわけです。つまり好きなものを優先することによって、つらい時間が倍増してしまうのです。

だとしたら、気の進まない、あまり好きでない仕事を先に済ませてしまったほうが効率的だとは思いませんか？　少なくとも僕はそう考えているので、気の進まない仕事はなるべく先に終わらせるようにしています。ストレスは少しでも排除したいので。

それに、あえて優先すると、気の進まない仕事も意外と楽しくなったりするものです。簡単なことで、「これを終わらせてしまえば、お次は好きな仕事だ」という思いが期待感を大きくしてくれるわけです。そして、それがモチベーションの向上につながるのです。するとやる気が出てきて、やる気が出ると、気の進まない仕事もどんどん楽しくなっていくという好循環。

そして結果的には、気が進まなかったはずの仕事が予想以上にうまく仕上がったりもします。そうなると必然的に、あとに控えた好きな仕事も、さらにクオリティが上がることになるのです。

それを経験的に学んだからこそ、僕は気の進まない仕事から先に仕上げるようにしているのです。そしてその方法を、多くの方におすすめしたいとも感じています。なぜなら、これは文章を書くことだけにしか役立たないわけではなく、すべての仕事に応用できるものだからです。

居眠りをしよう

僕はほぼ毎日、居眠りをしています。ひとたび眠気を感じたら、どうやっても抵抗できなくなるためです。いや、抵抗しようという気持ちにはならないといったほうが正しいかもしれません。理由は非常にシンプル。眠くなったとしたら集中力が失われてしまうことになり、そこにはデメリットしか残らないからです。

どんな仕事にも集中力は欠かせませんが、とくに文章を書く仕事の場合、集中力が欠けてしまうとすべてがダメになってしまいます。だったら、抵抗しようのない睡魔といつまでも無駄な戦いを続けたって無駄。早々に割り切って、サクッと眠ってしまったほうがいいという考え方なのです。

ですから眠たくなったら迷うことなく眠るようにしているのですが、注意すべき点もあります。寝室で本格的に眠ってしまうと眠り過ぎてしまう危険があるので、あくまで書斎の椅子での居眠りにしておくということです。デスクに向かって仕事をしていて、ちょっと続けられそうにないなと感じたら、そのまま背もたれに身を委ねて寝てしまうのです。時間的には、1回につき10〜20分程度でしょうか。20分経ったら必ず起きるようにしているというわけではなく、ちょっと眠って起きたら、そのくらいの時間が経っているということです。

なお、多くの方がそうであるように、いちばん強く眠気を感じるのはやはり昼食後です。昼食後に眠くなるのは血糖値が上がるためだといいますし、それ以外にも、昼過ぎに覚醒への出力が低下するという人間の性質も影響しているようです。だとすれば、無理して起きていてもパフォーマンスの低下は避けられません。だから、そんなときは迷わず居眠りをするほうがいいと考えているのです。

居眠りをして目を覚ました瞬間には、（熟睡していたとしたらなおさら）自分がなにをしていたのか判断できず、「え、俺はなにをしていたのだ?」と感じたりするものです。時間的には1秒にも満たないほんの一瞬なのでしょうが、その焦りが適度な緊張感を生み出してもくれます。

そのため目はパッと覚め、「仕事をしなくては！」という気持ちになれるのです。それが、よくいわれる「リフレッシュした」という状態なのかどうかはわかりませんが、焦りの気持ちと罪悪感がプラスに作用してくれるわけです。

そんな理由があるからこそ、僕は効率化の一手段として居眠りをおすすめします。

本はどこから入手するか

月に100冊以上の本を読んでいるというと、「どうやって本を入手しているんですか？」「全部買ってるんですか？」などと聞かれることがあります。そこで参考までに、そのことについても触れておきましょう。

僕に限らず、書評を書いている人のところには、各出版社から「献本」というものが届けられます。

と、ここでいきなり話がそれるのですが、本題の前に、気になっていることをひとつ書かせてください。よく、「献本を送ってください」などと出版社にお願いしている関係者がいらっしゃるのですが、「献本」の「献」は「ささげる、たてまつる」という意味ですから、受け取る側が「献本ください」というと、「ささげてください」という偉そうな表現になってしまいます。

それは日本語としておかしいですし、そもそも偉そうにできる立場ではないはずなので、僕はそのような場合、「見本をください」とお願いすることにしています。些細なことかもしれませんが、文章を生業とする人間にとっては、そういうことって大切な気がするのです。そのため、ここから先の本題では「献本」ではなく「見本」と書くことにします。

さて、話を戻します。そんなわけで、我が家にも見本がたくさん届きます。数にすれば、だいたい月に60～100冊くらい。当然のことながら、書評を書いてほしいという出版社側の思いがその根底にはあるわけです（それ以外に、純粋な好意で送っていただくというケースも当然ありますが）。

膨大な書評を書いているだけに、それらを参考にすることも多く、非常に助かっています。もちろんそれは僕だけでなく、すべての書評家にいえることだと思いますが。

ただし、送られてきた本だけしか気に留めないとしたら、やはり偏りが生じてしまいます。送られてこない本、話題になっているけれど届かない本などもあるわけですから、見本だけに頼っていたのではバランスを保てないのです。

少しでも視野を広げておく必要があるわけで、そのため自分でも積極的に購入するようにしています。トレンドを把握するためにも書店には定期的に足を運んでいますし、興味があったり、必要だと感じた新刊は買うようにしているのです。

それから、これは新刊に限ったことではないのですが、食事や飲みの席などで、相手の口から自分の知らない本の名前が出てきた場合、スマホからその場で購入するようにしています。相手が業界人であろうと、そうでなかろうと同じ。自分の知らなかった、そして話を聞いているうちに興味を持った本である以上、それは買って読むべきだと考えているからです。

編集者の「ある種の熱意」について

見本を送っていただければ、やはりそれは書評を書く本を選ぶ際の参考になります。ですからありがたいと感じてはいるものの、ひとつだけ困ることがあります。

ときどき、ご自分が担当した新刊のなかの「おすすめ」の箇所にふせんを貼ってくる方がいらっしゃるのです。「個人的におすすめの箇所に、ふせんを貼っておきました！」という熱いメッセージが添えられている場合もあります。

それは明らかに、担当書籍に対する熱意の表れでしょう。「ここを強調してほしい」と訴えたくなる気持ちも理解はできます。しかし、こちらとしてはやはり戸惑うしかないのです。

なぜって、書き手として読者に向き合っているのは僕で、その人ではないから。その部分を強調してほしいというのはその人の事情であり、読者が望んでいるものだとは限らないから。

なのに、「せっかくふせんを貼ってくれたのだから」と、その人に従って「おすすめ」

箇所を紹介したとしたら、それは僕という書き手の想いが反映されていない提灯記事になってしまう可能性があります。それは個人的に、どんなことがあっても避けたいことです。

自分が書評を書く以上、どの本の、どの箇所に注目し、伝わるようにどう書くかは僕自身が決めるべきものだと思っています。そうでないと僕が書く意味はないし、伝えたいことも伝わらなくなってしまうからです。

読者のニーズと担当者がプッシュしたい部分が同じだとは限らないので、それは僕が判断しなければならないと考えているわけです。

そのため、ふせんをびっしりときれいに貼ってくださった労力を考えると心苦しいのですが、そういう場合は、どこに貼られているかを見ないようにしながら、まず最初にすべてのふせんを剥がします。そしてそのうえで、その本を取り上げるべきか、取り上げるとしたらどこに焦点を当てるかを考えるのです。

場合によっては、ふせんが貼られていた時点でその本の書評を諦めることもありますが、いずれにせよ読者の立場に立って考えることがいちばん重要だと信じているのです。

本をつくるのは大変な作業なので、担当者は当然、できあがった本に愛着を持つことになるでしょう。でも、ご自身の熱意と読者の受け止め方はまったくの別ものなのです。書評家として、僕はそのことを忘れてはいけないと思っています。

いつ本を読むのか――仕事のために読む本

僕は書評を書くために、一日1～2冊程度のペースで本を読んでいます。しかも毎日締め切りがありますから、必然的に「読んでは書いて、読んでは書いて」というサイクルのなかで生活していることになります。「いったい、いつ本を読んでいるんですか？」と聞かれることも少なくないのは、おそらくそのせい。そして、このことについて、まずは2つの読み方があることをご説明しておく必要があると思います。

重要なポイントは、僕が書評家を仕事にしているということです。一方、仕事とは関係なく興味を惹かれる本も当然のことながらあります。つまり、ひとことで本といっても「仕事のために読む本」と「お楽しみのために読む本」の2種に分かれるわけです。

まず、仕事のために読む本に関していえば、僕にははっきりと「仕事用の読み方」があります。「どの媒体に書くのか」を意識し、その媒体で求められているであろう箇所を重点的に読むのです。

当該の書籍のなかから、「はじめに」の部分や目次を参考にしながら読者が興味を持ちそうなパート（章など）を見極め、全体としてのバランスが崩れないことを意識しつつ、その部分を集中的に読み、書くわけです。

語弊があるかもしれませんが、書評を書くために読む場合、本は必ずしもすべてを読まなければならないものではないと考えています。

もちろん、精読することが無駄だというつもりもありませんし、そういう方法もあるはずです。しかし僕の場合、書評を通じてその内容を伝えようというときには、その本のどこかをクローズアップし、その部分について書くようにしているのです。

すべてを書評に盛り込もうとしても無理に決まっていますし、多くを盛り込もうとするほど焦点はぼやけていくものだからです。逆に「重要な部分」だけをクローズアップしたほうが、結果的にはその本の全体像が浮かび上がってくるのです。

ここで意識すべきは「目的」です。書評の目的は、読者に「この本、おもしろそうだな。読んでみようかな」と思ってもらうことです。だとすれば、その本のなかから読者の興味を引くであろう部分を見つけ出し、そこを中心にしながら話を進めていったほうが効果的だという考え方。

書評を書くか書かないかにかかわらず、本を読もうとするときには、「きっちり熟読しなければ」と思いがちです。でも一冊をまるまる読もうとすれば、相応の時間がかかり、しかも内容は意外と頭に残らないものでもあります。そもそも、一冊まるごと記憶しようとしたところで無理な話なのです。人間のキャパシティには限界があるのですから。

でも必要な部分を見極めて読むのであれば、時間をかける必要もなし。しかも、記憶に残りやすいというメリットもあります。だから、僕はこうしたスタイルを採用しているのです。どこに焦点を合わせるかは感覚的につかみとるしかありませんが、それは読書経験を重ねていけば自然に身につくものではないかと思っています。

いつ本を読むのか——お楽しみのために読む本

次に「お楽しみのために読む本」ですが、これに関してはいわずもがな。書評を書くことが目的ではないのですから、なにも気にする必要はありません。好きなときに、好きなように読めばいいだけのことです。

僕は源氏鶏太《げんじけいた》という昭和の大衆小説家が大好きで、過去の作品をときどき読みなおしたりしています。大作家だったにもかかわらず長く絶版が続いていたのですが、とてもうれしかったのは、数年前からちくま文庫が復刻を始めてくれたこと。しかもそのなかの一冊『家庭の事情』は解説も書かせていただけたので、まさに感無量でした。

源氏鶏太作品はサラリーマンやＯＬを主人公にした「サラリーマン小説」が多く、ストーリーも正しい人（主人公）が幸せになり、悪人は負けるという勧善懲悪スタイル。早い話が漫画に近いのですが、だからこそ余計なことを考える必要がなく、純粋に楽しめるのです。仕事のために読む本ばかりを読んで疲れたときなどには、ちょうどいい気分転換になるわけです。

ただし、現実問題として仕事である「書評を書くために読む本」を優先しなければなりませんから、好きで読む本は後回しになってしまいがちなのがつらいところ。日々の入稿を優先した状態で毎日が進むため、お楽しみのための本をなかなか読めないのです。

そこで一日の生活のなかから、なるべく「読める時間」を抽出しようと意識しています。簡単にいえば、一日の行動を再確認して空き時間を見つけ、「読めるときには読む」ようにしているということです。

などというと難しそうに感じられるかもしれませんが、決してそんなことはありません。自分のライフスタイルを別の角度から眺めてみれば、読める時間は必然的に見つかるものなのですから。

たとえば、いちばん思いつきやすいのが寝る前で、ベッドに入ってからです。夜はアルコールが入っている確率が高いので、僕にとってはあまり効果的だとはいえないのですが、休肝日には早めに寝室へ行き、数十分から数時間の読書タイムをとるようにしています。

また、あまり認知されていないものの以外に効果的なのが、朝、目が覚めたばかりの時間。ふだんより少しだけ早く目を覚まし、ベッドに入ったまま、10~20分読書をするわけです。小中学校時代の「朝の10分間読書」にも通じる効果がありますので、これはオススメです。

それからもうひとつ見逃すべきでないのが、夕食後などのダラダラ時間です。僕自身がそうだったのですが、そういうときにはなんとなく、特に見たいわけでもないテレビ番組を眺めてしまったりするのではないでしょうか？ その結果、ほとんどなにもしないまま時間を浪費してしまうわけです。

でも、それはどう考えても時間の無駄。本当に見たい番組があるのでない限り、テレビを消して読書時間にあててみてはいかがでしょうか？ 夕食後は気持ちもゆったりとしていますから、まさに読書に最適。つまりはこのように、見落としがちな空き時間を活用すると、意外なほど読書することはできるものです。

書評のジャンル

ひとことで書評といっても、扱う本のジャンルは多種多様です。ビジネス、ノンフィクション、ドキュメンタリー、文学、経済、テクノロジー、思想、社会・政治、歴史・地理、自己啓発、スピリチュアルなど、ざっと考えてみただけでもかなりの種類があります。

だとすれば、タイプや個性が異なるそれらすべてを同じ書評とひとくくりにするのはナンセンス。ビジネス書にはビジネス書に、文学には文学に見合ったアプローチの方法があるはずだからです。

そしてもちろん、文章としての表現方法も書き手の考え方によって大きく変わってくることでしょう。

たとえば先にも触れたとおり、僕の場合はなにより「わかりやすさ」を重視しています。それは、「伝わる」ことこそがなにより大切だという個人的な考え方によるものです。しかし同時に、そこにはジャンルの問題も少なからず絡んでいます。

僕は現時点でビジネス、経済、社会、ノンフィクション、ドキュメンタリーなどについての書評を書くことが多いので、自分が書いた書評に読者が望んでいるものは、なんとなく把握できています。

端的にいえば、そこに芸術性や文学性のようなものは必要なく、「読んでためになった」「いい情報を得た」「自分とは違う考え方があることを知った」など、読者になんらかの〝おトク感〟を提供することが自分の役割だと感じているわけです。

どんなジャンルを扱うにしても「わかりやすさ」は欠かせませんが、ビジネス、経済、社会、ノンフィクション、ドキュメンタリーなどの場合は、ことさら「わかりやすさ」が重視されるべきだと考えているのです。

一方、特定の読者を対象とした専門書だったとしたら、この手法はおそらく通用しないでしょう。その書籍のジャンル、特徴、読者層などによって、書き方も大きく変わってくるということです。

なお蛇足ではありますが、この考え方はプレゼンテーションで使用する企画書などにも応用できます。そのテーマについてなにも知らない人を納得させることがそのプレゼンの目的だったとしたら、僕の書評と同じように「わかりやすさ」「伝わりやすさ」は不可欠だということ。なにかを相手に伝えようという場合にはとかく専門的になってしまいがちですが、それでは伝わるものも伝わらなくなってしまうわけです。

プロフェッショナルな書評と、そうでない書評

いうまでもなく、新聞・雑誌・各種サイトに掲載されている書評はプロフェッショナルと呼ばれる方々が書いています。そして、そこには必ず編集者がいて、原稿チェックなどを担当しています。ですから、たとえば差別的な表現だったり、なにかしらの問題があったとしたら、編集者の指摘が入ります。書き手に修正を依頼したり、削除するなどの対策を講じるのです。だからこそ、掲載された書評はプロフェッショナルの仕事としての信頼性が担保されているわけです。

しかしインターネットが浸透し、誰もが自由に発信できるようになってから、状況が大きく変わりました。

　いまの時代、たとえば「書評が書きたい」と思ったとしたら、実績や経験の有無に関係なく、誰でも自分の書評をネット上に上げることができます。もちろん、それ自体はとてもいいことです。

　事実、ネット上では、知名度はなくとも説得力に満ちた文章を見ることがあります。いわばネットは、そういった〝才能はあるけれど表現の場がない人たち〟の可能性を広げているとも考えられます。

　ただしその一方、ひとつの大きな問題があることも事実。これは書評に限ったことではありませんが、出版社や新聞社などの発信者は別としても、それらの機能を持たない個人レベルにおいては編集機能、校閲機能が欠如していること。個人がアップする文章には、編集者のチェックが入らないということです。

　個人なのですから当然ですが、それは状況的にとても危険だと思います。なぜなら、冷静な視点でその記事を判断する人がいないということを意味するから。だとすれば、多少なりとも公平性や客観性が失われてしまう危険性があるのです。

　しかもプロかアマチュアかに関係なく、ネットやメールに文章を書くときには、とかく表現が過激になってしまいがちでもあります。僕自身にも経験がありますが、悪意があるわけでもないのに、気がつかないうちにドキッとするような表現を用いてしまっていたり、なにかと〝暴走〟しがちだということ。ましてや掲示板などは基本的に匿名で書けますから、より過激になってしまったりもします。

でも客観性が失われた文章は、やはり読んだ人を不快な気持ちにさせたり、悲しい気持ちにさせたりする恐れがあります。また、偏った考え方を押しつけてしまうことにもなりかねません。書評にしてもそれは同じで、編集者が介在しないのは仕方がないにしても、自分のなかに編集者的な視点を持ち続けることが大切だと考えるのです。

いい書評、ダメな書評

対象がなんであれ、物事を「いい」「ダメ」という評価基準でぶった斬るべきではないと思っています。その際には、多少なりとも偏った見方が入り込んでしまうからです。偏りだけを盾に対象を真っ向から否定し、「ダメだ」と断言してしまったとしたら、やはりそれはフェアだとはいえません。

そう思うからこそ僕も、これが「いい書評」で、これが「ダメな書評」だ、などと断言したくはありませんし、そこに意味があるとも思いません。しかしその一方、（矛盾しているように思われるかもしれませんが）「いいもの」と「よくないもの」が分かれる境界線はたしかにあるものです。そしてそれは、「誠意」によって判断されるのではないかと個人的には考えています。

こうして文章にしてしまうと、ちょっと気恥ずかしくもありますが、しかしそれは真実ではないでしょうか？ 書き手が誠実に、本音で書いていることが伝わってくるとしたら、それは「いいもの」であると判断していいと思うのです。

その文章が誠意を感じさせてくれるとしたら、たとえ筆者の主張が自分の意見とは正反対のものだったとしても、読者は不快感を覚えることはないはず。「自分とは考え方が違うけれど、この人にはこの人なりの考え方があるんだな」と受け入れることができるということです。

ところが、たとえば「非難したがっているな」とか、「この書き手は、この本の著者のことが〝気に入らない〟んだな」というような否定的感情、悪意のようなものを感じさせるのだとしたら、その書評は読者にとってバランスのよいものではないということになります。だとすれば、それは「よくないもの」ともいえるでしょう。

つまり、「いい」か「悪い」かの基準があるとすれば、そこだけです。書評として優れているかどうかということよりも、正否を分かつのはその点だけなのではないでしょうか？　だからこそ「いい書評」「ダメな書評」などという主観的な基準で一刀両断することよりも、「誠実か否か」という目で書評を見るべきだと僕は考えます。

第2章　書評家の「裏」話

書評家が見ている世界

書評を書くとき、どこの、なにを、どう見るか？　これは非常に重要なポイントです。媒体の種類や質、読者の傾向などによって、書評家が意識するべき方向、そこで見るべきものは違ってくるからです。

繰り返しになりますが、僕は読者ターゲットを見極めることがなによりも大切だと考えています。ですから、なるべく読者が見ているであろう方向を向き、自分もそこにあるものを見て、多くの人がそこからなにを感じているのかを推測するようにしています。

簡単なことではありませんが、そうすれば、読者のニーズはおのずと見えてくるものだと信じているのです。当然、見えたものが実は勘違いだったというケースだってなくはないでしょうが、そんなことをいい出したらキリがありません。大切なのは、同じ方向に目を向け、少しでも読者の求めているものに近づこうという意識を持つことなのですから。

ただし、それは義務的なものではありません。少なくとも僕の場合は、「読者の人たちはこう感じているんじゃないかな?」というように、推測することを楽しんでいるともいえます。楽しんでいるからこそ、至近距離まで近づけるのではないかと思うわけです。
とはいってもそれは自分にとって日常的な行為であり、しかも感覚的なことでもあるので、「これこれこうしよう」ときっちりと考えているわけではありません。でも、書評家としての視点をあえて羅列するなら、次のようになります。

1:読者は、なにに興味を持っていて、なにを知りたいのか
2:読者が知りたがっていて、でも知らないことはなにか
3:多くの読者は、(仕事において、プライベートにおいて)どのようなことで悩んでいるか
4:どのような情報に、それらを解決する力があるか
5:そのトピックスに対し、個人的に関心を持てるか
6:そのトピックスに共感し、多くの人に広めたいと思うか

書評家としてものごとを見る際、意識しているのはこんなことです。1〜4までを見ていただければおわかりのように、あくまでも基本は読者目線。ただし、単に読者が好みそうなものを選ぶだけではなく、そこに5、6、すなわち自分にとっての関心や共感がなければいけないとも思っています。関心や共感があれば、それらを自信を持って読者におすすめできるからです。

書評を通してわかった自分の考え

たとえば友だちと話をしているとき、「俺はこう思うんだよね」という感じで相手に自分の考えを伝えた結果、「あ、そうか、自分はそういうことを考えていたのか」と改めて自覚することがありますよね。もしかしたら、「自分はなにを、どう考えているのか」ということは、そういう機会でもない限り実感できないものなのかもしれません。

同じように、書評を書くようになってわかったことがいくつかあります。そしてそれらひとつひとつは、僕が毎日書評を書き続けるためのモチベーションになってもいます。

こうした気づきを得る上で、なかでも突出して重要なことだなぁと感じるのは、本を読み、その内容をどう伝えようかと考え、文章にする過程です。この過程を繰り返すことによって、自分がなにを考え、なにに関心を持ち、なにを知りたくて、なにに興味がないかなどを改めて認識することができるからです。

読者が求めているであろうと思えるものを選んでいるとはいえ、選書の段階で、そこには自分らしさが反映されることになります。僕が自分の感覚で「この本（のこの部分）は読者に役立ちそうだな」とアタリをつけているのですから、そのときに自分らしさが発揮されるのは当然の話。もちろん無意識なのですが、どこかに「僕という人間の見かた、感じかた」が表れてしまうわけです。

事実、過去には「この前書評を書いていたあの本、印南さんが選びそうな感じだなと思いました」とか「あれ、印南さんが好きそうな本ですよね」などと人からいわれたことも何度かあります。

したがって僕は、自分の選んだ本を眺めたとき、その本について書いたとき、知人の意見を聞いたときなどに自分を再確認できるのです。そして（やはり無意識ではありますが)、それはきっと次の選書や書評にまた影響を与えることになるのでしょう。

でも、それは書評家である僕だけに限った話でもないと思います。「なにを読もうか」と考えながら本を選び、それを読み……という行為を実践している人はすべて、本や読書から多くのものを吸収していることになるからです。

そういう意味でも、書評を読んでいただくこと、そこで気になった本を手にとってみること、読んでみることなどは、長い目で見て人生にも少なからず影響を与えるのではないかと思えるのです。

書評家の「癖」

決して、偉そうなことがいいたいわけではありません。が、それが大切だと信じているからこそ、僕はいつも「読者の目線」を意識してしまいます。もし「書評家としての癖」があるとすれば、そこに尽きるかもしれません。

早い話が、いつも「読者はこれをどう感じるだろう?」ということが頭のどこかにあるのです。僕も人間ですので、選んだ本に関心を持ってもらえたり、書評に高評価をいただけたりすると純粋にうれしさを感じます。すると、その結果また、モチベーションが上がります。ずっと書評を書き続けてこられたのも、そんな思いがあったからこそ、といえるかもしれません。

ですから書店に足を運んだ際にも、無意識のうちに「ふたつの視点」を持ってしまいます。

まず最初は、「個人の視点」。いち読者として「これはおもしろそうだな」「読んでみたいな」と感じるような、純粋な見かたです。いわば自分のための読書の基準となるもので、どんな方でも持っているものだと思います。

そしてもうひとつは、「各媒体用の視点」。たとえば書店に平積みされた本を眺めたとき、「これはライフハッカーに向いていそうだな」とか、「これはサライ.jpの読者が喜んでくれそうだな」などと、読者目線で見てしまうのです。

いってみれば職業病のようなものですが、とはいえこれは「良質な病」だとも思っています。なぜなら、こうした複数の視点を持つことによって視野が広がるからです。

もしも「個人の視点」しか持ち合わせていなかったとしたら、僕の興味の対象は限定されることになります。限定されている以上、さらなる広がりを期待しようとしても無理な話で、僕にとっての読書は「いつまでたっても同じ領域内」ということになってしまうかもしれません。

でも、そこに「各媒体用の視点」が加われば、興味の対象はさらに広がります。もちろんそれは書評という「仕事」のためのものですが、そういった職業的な視点が、いつか個人の視点とリンクする可能性もあります。つまり、仕事のためだと思っていたものが、いつしか個人的な興味の対象になっていくわけです。

だとしたら、それは自分のキャパシティが広がったということ。だから、仕事としての視点を持ち続けることは、僕個人にとっても有益なのです。

文筆業は儲かるのか？

程度の差こそあれ、人は誰しも他人のプライベートが気になってしまうものではないでしょうか。それは僕も同じで、何人かの知り合いについて「あの人、どうやって生活してるんだろう?」と感じていたりもします。

世の中には〝なにをして生きているのか、よくわからない人〟がいるもので、そういう人の生活や懐《ふところ》事情は、やはり気になってしまいますからね。

でも考えてみると、書評家というよくわからないことをしている僕もまた、人から同じように思われているのかもしれません。なにしろサラリーマンではありませんし、書評家に限らず文筆業者の経済事情はなにかと謎に包まれているのですから。そのため自分では気づかないうちに、そういう空気感を醸し出しているのかもしれないということです。

そういえばかなり昔、給油をしようと思って立ち寄ったガソリンスタンドのお兄ちゃんからじーっと見られ、「なにしてる人なんですか?」と聞かれたことがあったなぁ。おもしろそうなやつだったので、友だちになっておけばよかったと後悔しているのですが、それはともかく、文筆業者(の経済事情)はそれだけ謎めいているということなのかもしれません。

なお、本を出したりするとそれだけで「印税がガッポリ入るんでしょ？」なんていわれることがあります。ですが、それは考えられないことです。いや、人気作家や芸能人であれば話は別でしょうが、一般的なフリーライターや零細作家に関しては、そんなことは〝ありえない〟のです。

多くの場合、印税は「定価×部数×0・1」で計算されます（0・1が、もっと低くなるケースもあります）。ということは、1300円の本が100万部売れれば1億3000万円です。それならたしかに「ガッポリ」です。

でも、考えてみてください。そもそも100万部も売れるはずがないのです。ビジネス書の場合、だいたい初版は5000〜6000部程度かそれ以下です。重版がかかればまた部数は増えていきますが、重版なんてそうそうかかるものではありません。初版だけで終わってしまうケースも非常に多いのです。

仮に1300円の本を5000部出すとしたら、初版印税は65万円です。書き上げるまでに1年かかったとしても、重版がかからなければそれっきりです。それを高いと感じるか、安いと感じるかは個人の感覚によりますが、少なくとも「ガッポリ儲かる」ということにならないことだけは間違いありません。

書評家の「収支」

では、書評家が書評を執筆したら、どれだけのお金が原稿料として振り込まれるのでしょうか？ やっぱり、それも気になるところですよね？

ただ先に申し上げておくと、書評家であろうが、書評家以外の文筆業者であろうが、〝文章を書いてお金をもらっている人〟の原稿料にそれほど差はないと思います。ですので書評家の収支というよりは、文筆家・ライターの収支と考えていただいたほうが近いはずです。

もちろん、大御所とか売れっ子といわれる人は違うのかもしれません。しかし、大半の文筆業者の懐事情は、おそらくだいたい同じくらいではないでしょうか。ましてや、書評家だから高いというようなことは決してありません。

また、これから書くのはあくまで僕が知っている範囲のことで、もっと稼いでいる方がいらっしゃる可能性もなくはないので、あくまで参考程度と思っていただければと思います。

書評以外の執筆業者も事情は似たようなものでしょうが、ひとくちに書評の原稿料といっても、その額は非常にばらつきがあります。具体的な額は書けませんが、Aという媒体の原稿料とBという媒体の原稿料とでは3倍くらいの差があったりもします。

などと書くと、結果的にものすごい額が振り込まれているような印象を持ってしまうでしょうか？　しかし、そんなことは断じてありません（あったらどれだけ楽か）。そもそも、この記述の基準になっているのは「最低額」なのです。

たとえば最低額が10万円だったとしたら、すべての原稿料を合わせると相当な額になるでしょう。でも残念ながら、最低額が10万円などということは考えられません。一桁（あるいはそれ以上）違うこともザラ、つまり最低額が低すぎるので、仮に最高額がその3倍あったとしても、合計すればたいした額にはならないわけです。

ですから現実的に、書評だけを書いて食べていくことは難しいと思います。他のフリーランスも似たようなものでしょうが、少ないものをこつこつと積み上げていく以外に手段はないわけです。

え、だったらなんで続けてるのかって？　そりゃ、この仕事が好きだからですよ。

提灯記事は存在するのか？

「あれだけ書評を書いてるんだしさぁ、影響力もあるんだから、（執筆媒体から支払われる）原稿料とは別に、版元（出版社）からお金を引っぱらなきゃだめだよ。じゃないと割が合わないでしょ？　そういうことはうまくやらなきゃ」

あるとき、同業者からそんなことをいわれました。早い話が、「書評を書いてあげるけど、その場合は○万円ちょうだいね」みたいな仕組みをつくれということです。

もちろん正直にいえば、僕も書評の原稿料については少なからず不満を感じていました。それは認めないわけにいきませんが、だからといってそんなことは考えたことすらなかったので、非常に驚きました。

実際に、彼がそういうことをしているのかどうかは僕にはわかりません。しているのかもしれないし、口だけかもしれません。日常会話のなかでちょっと大きなことをいいたくなることは誰にだってありますから、もしかしたら勢いで口にしてしまっただけで、そんなことはしていないと考えることもできるでしょう。

しかし、いずれにしても僕はそういう発想を否定します。版元や著者から裏金を受け取るために書きたくもない本の書評を書くなどということは、断じてする気がないからです。そもそも、それは読者の方々に対して失礼すぎることです。

別にかっこつけたいわけではなく、でも、それは当然のことではないでしょうか。なぜか？　簡単な話です。前のほうにも書きましたが、僕は、読者の方々が本を選ぶときの参考になればいいなと思って書評を書いているからです。それが自分の役割だと思っていますし、そういうスタンスに誇りを感じてもいます。たしかに要領はよくないのかもしれませんが、それが自分のあり方だと思っているのです。

数年前にステマが問題視されたこともあり、いまはコンプライアンスが強化されています。だからというわけではありませんが、文章を書いているすべての人は、「それは正しいことなのか？」という純粋な基準を自分のなかに持ち続けておくべきではないでしょうか。

だいいち読者も賢いので、提灯記事はすぐに見抜かれるものでもあります。そういう意味でも、無駄なことは考えるべきではないのです。大切なのは、愚直にやり続けること。それしかないと思っています。

原稿料の額より大切なもの

書評家／作家として生計を立てている以上、当然のことながらお金は必要です。「書きたいことを書ければそれでいい」というようなことをおっしゃる方がたまにいますが、あくまでそれは理想論。収入が少なくて追い詰められたとしたら、文章にも悪影響が出ます。

なぜって、精神的に余裕が持てなくなるから。しかしそれでは人の心に訴えかけることなどできませんし、そういう意味でも最低限の収入は必要なのです。当たり前の話ですよね。

ただし、注意すべき点はあります。書評家に限らずどんな業種にも当てはまることですが、「ギャランティがいいから」というだけの理由で仕事を受けてしまうと、失敗する確率が非常に高くなるということ。

フリーランスで仕事をしていると、〝うまい話〟や〝都合のいい、しかし胡散臭い話〟を持ちかけてくる人が寄ってくるものです。でも、お金にものをいわせるような仕事には、まず裏があると考えてもいいかもしれません。

余裕のない人は無意識のうちに「余裕がないオーラ」を発しているものなので、それをかぎつけて、うまい話をもちかけてくる人はどこの世界にもいるのです。

文筆家などは大半が基本的に儲かりませんから、なおさらそういう輩《やから》に好かれがちでもあります。

金銭的にも精神的にも余裕を失いかけた結果、ヤバい誘いに乗りそうになった経験は僕にもあります。ギリギリのところで急ブレーキをかけて最悪の状況は避けることができましたが、だからこそ、そういう話は絶対に避けるべきだと強調しておきたいのです。

とはいえ、なにが危険で、なにが安全なのかを見抜くことは簡単ではありませんよね。

そこで、僕が拠り所にしていることをお伝えしたいと思います。

文字にするとマヌケな感じがしますが、それは「モヤモヤの有無」です。心のなかにモヤモヤしたものがあるかないかは、その先の結果に間違いなく影響するのです。もっとわかりやすくいえば、どれだけいい条件を提示されたとしても、心のなかに1%でもモヤモヤのある仕事は高確率で失敗するといっても過言ではありません。

本書のテーマからは話がそれすぎているかもしれませんが、少なくとも文章を仕事にしたいと思っている方にとって、これはとても大切なこと。いや、文章の仕事に限らず、どんな仕事でも同じでしょうけれどね。

書評を避けたい本

なお「モヤモヤ」の有無は、本を選ぶ際にも重要な意味を持ちます。「モヤモヤする本」は間違いなく存在し、それらには適切でない（読者のためになりそうもない）内容のものも多いので、少しでもモヤッとした匂いを感じた場合、それらを取り上げることは意識的にやめるようにしているのです。

正直にいうと、そういう本を紹介してしまって後悔したことも過去にはありました。そのため、同じ失敗をしないよう注意しているのですが、だからこそ選書の際に「モヤモヤ」を基準にすれば、ある程度は「適切でない本」を避けることができるのです。世のなかにはそれほど、「怪しい本」が多いということでもあるのですが。

では、どういうタイプの本がそれにあたるのでしょうか？　もちろん、これから書こうとしている「傾向」に、すべての本があてはまるわけではありません。あくまで僕の経験を軸とした、ひとつの基準でしかないことを最初にお断りしておきます。

が、おもに「自慢系」「お金儲け系」「スピリチュアル系」には、読んでいるだけでモヤモヤしてくるような、気恥ずかしくなってくるようなタイプが多いと感じます。

・ダメ営業マンだった私が、〝あるテクニック〟を駆使してみた結果、一気に年収50億円に。

・週に2日、数時間働くだけで高収入を実現。好きな時間にフェラーリで東京を疾走する毎日。

・なにをやってもうまくいかなかったのに、宇宙からのメッセージをキャッチしたら
運気が急上昇。

たとえば、こんな感じ。例文として書いているだけでも痒くなってきますが、こういうことが書かれている本は実際のところ少なくはありません。いつの時代にもそういう著者がいて、その手の本が刊行されるということは、信じてしまう人も一定数存在しているのでしょう。

信じることによって幸せになれるのであれば、それを否定する権利は誰にもないはずです。けれど個人的には、そういう文言を真剣に受け止めることはできないのです。なぜならフワフワして説得力に欠けるから。だとすれば、それは僕にとって「紹介すべき本ではない」ということになる。そういう単純な発想です。

とはいえスピリチュアル系や〝怪しい〟自己啓発を全否定したいわけではなく、そういった書籍のなかにも、「この程度ならアリなんじゃないか」と思えるものも当然なが

らあります。

たとえば僕は精神的に落ち込んでいたころ、たまたま『ザ・シークレット』（ロンダ・バーン著、ＫＡＤＯＫＡＷＡ）を読んで少し楽になったことがあります。ご存知のとおり、「引き寄せの法則」を紹介したベストセラー。〝宇宙の力〟を訴える後半部分には抵抗を感じましたが、役に立った部分もあったのです。

もし助けられたなら、はなから否定する必要もありません。「なにが重要か」については自分のなかにある評価基準を頼りにして決めるしかないのですが、そう感じた場合は、なるべく誤解されないようにしながら、〝役に立つように〟取り上げることもあります。

そういう意味でも、「どこに基準を置くか」という評価軸を自分のなかに持っておくことが大切だといえるのではないでしょうか。

書評の文字数

書評は、どのくらいの文字数が適切なのでしょうか？

たとえば紙媒体をチェックしてみると、朝日新聞の読書面の書評欄は800字弱で、週刊文春ならいちばん大きい枠で1000字くらいです。紙媒体の場合は、レイアウトとの兼ね合いのほうが大きいのではないかと思われます。限られたページ数、限られたスペースに収める必要があるため、必然的に文字数が限られてくるわけです。

一方、まったく事情が異なるのがウェブメディアです。紙と違って、基本的には文字数を制限する必要がないからです。極端ないい方をすれば、書きたいと思うなら「いくらでも書ける」のです。

ちなみに数年前までは、媒体側から「なるべく多く書いてください」といわれることもよくありました。「うちの媒体の場合、長い文章のほうが読まれるんです」という理由だったのですが、それにはSEO（〝Search Engine Optimization〟の略。検索エンジン最適化）が影響しているようです。

いうまでもなく、ＳＥＯとはＧｏｏｇｌｅなどの検索結果によって当該サイトを上位表示させたりする仕組みです。上位に表示されれば読んでくださる人が増えるので、仮に「ある長い文章が多くの人に読まれた」という結果が出たとしたら、編集者が「長い文章のほうが読まれる」と感じるのも当然であると考えることもできるでしょう。

テクノロジーについての専門家ではないので、このことについて語れることは限られていますが、要するにウェブメディアの場合、文字数の多いコンテンツのほうが上位化しやすいということなのかもしれません。なぜなら、検索エンジンに評価されやすいのは、「ユーザーが求めている豊富な情報を提供している（網羅性の高い）コンテンツ」だから。

だとしたら、評価が高くなるのは、「長くても最後まで読ませてしまう説得力のある記事」だということになるのは当然です。「書きたいことを書いたら長くなってしまった」記事を、読者が「長いけれど、ぐいぐい引き込まれて最後まで読んでしまった」のであれば、書き手と読者の良好な関係性が生まれたことにもなります。

それなら大いに意味があるのですが、残念ながらウェブでさまざまなコンテンツを確認する限り、無理やり長く引き伸ばされたように思える記事も少なくありません。でも、読んでほしいから3で済むものを10まで引き伸ばしているのだとしたら、記事としてナンセンスなのではないかと個人的には感じます。

読まれなければ意味がないのですから、SEO対策をすること自体は決して無駄ではないとも考えられます。しかし、それ以上に大切なのは本質です。つまり、SEOがどうだという以前に、「思わず読みたくなってしまう」記事を書くことが大切なのではないかということです。

「大切なこと」と文字量との関係

むしろ重要なのは、長さより中身ではないでしょうか。そう確信するからこそ、僕は「3で済むものを10まで引き伸ばしている」文章が多い状況について不安を感じずにはいられないのです。

それは読者にとっていいことではなく、もっと大きな視点に立てば、日本語を壊す行為ですらあると感じるからです。大げさだと思われるかもしれませんが、ことばを扱う以上、それくらいの気持ちは持っておかなければいけないと信じて疑わないのです。

先ほど書いたウェブメディアの〝無駄に長い文章〟がどうしても気になってしまうのも、そんな気持ちがあるから。なにしろ見出しを見て「おもしろそうだな」と興味をそそられたとしても、本文を読んでみると、どうでもいいことばかりが書かれていたりするのですから。

読みたい話題がいつまでたっても出てこないということが、本当に多いのです。全体の3分の2がどうでもいい話で埋められていて、期待していたトピックが登場するのは最後の3分の1程度だったとか。

そういうものを読んだ読者がどれだけ失望するか、書き手は意識するべきです。あまり説教くさいことは書きたくないのですが、しかし現場において、「文章を書くとは、どういうことなのか」という自覚のないまま、SEO的なメリットだけを考えて書いている人が多いのではないでしょうか。それすら考えていない人もいそうですが、いずれにしても読者に対して失礼です。

僕は職業文筆家なのでわかりますが、文章は長くしようと思えばいくらでも長くできるものです。しかも長かったり難解だったりすると、もっともらしい文章に見えるものでもあります。でも、よくよく読み込んでみると、そういう文章は中身がない場合が多いのです。

でも、それでは意味がありませんし、なにより読者をナメ切っていることになります。書き手にそんな意識はなかった（つまり無自覚だった）としても、残るのは結果です。それが失礼な話であるということに、書き手は気づくべきです。

読者に「じっくり読み込みたい」という思いがあるのなら、書き手がその欲求を満たすことは無駄ではないはずです。しかし、だから文字数を無駄に稼ごうという発想は間違っています。それでは、読者の時間を無駄にするだけなのですから。

書きたいこと、書くべきことを書いた結果、長文になるというのであれば、文字数に制限がないというウェブの特性は大きなメリットになるでしょう。でも、ただ長いだけでは意味がないのです。そう考えると、無駄に長くする必要はないし、むしろそれは避けるべきであるということがわかります。

適切な文字数とは?

だとすれば結局、どのくらいの文字数ならいいのでしょうか?

もちろん正解はないと思います。そう考えると、先ほど触れたとおり「でも、長いほうがPV数が上がるんなら、長くするしかないでしょ」ということになるのかもしれません。が、最近は、具体的にいえばここ1、2年は、なんとなく雰囲気が変わってきたように思います(感覚的にではありますが)。

まず、わかりやすい傾向は、以前ほど長文に執着する編集者が減ったような気がするということ。これは僕の周囲の話であり、そこには主観も含まれますが、ふと気がつけば、なんとなくそんな雰囲気に変化してきたように思えるのです。

そんな流れのなか、僕にとって衝撃的だったのは、およそ1年前から担当になった編集者から、「あそこまで長く書く必要はないです」といわれたことでした。つまり、他の編集者からいままでいわれてきたことと、正反対の考え方だったわけです。

「いま6000字くらい書かれてますけど、あんなに書く必要はないです。あれでは印南さんの負担が大きすぎます」

「でも、長いほうがいいといわれ続けてきたので……」

「その発言の意図はわかりませんけど、いま、そういうデータはないです。もしかしたら、読者の傾向が変わってきたのかもしれませんね。少なくともいまは、〝長ければいい〟という感じではないです」

もしもそうなのだとしたら、その編集者がいうように読者の傾向が変わってきたという可能性が濃厚です。だとすればそれは、さっき書いたような「無駄に長い文章」の意味のなさを、読者が敏感に感じ取ったことの証明だとも考えられそうです。それは、とてもいいことだと思います。

ちなみにその編集者に「では、何文字くらいが適切ですか?」と尋ねたところ、「3000字くらいですね」という答えが返ってきたので、いまはそれを大まかな基準にして書いています(もちろんケースバイケースで、1000字程度が適切だという場合もあります)。

書評家が思う「おもしろい本」

「おもしろい本って、どういうものですか？」

あるとき、そう聞かれたことがありました。しかし正直にいえば、少し答えに困りました。なぜなら好みは人それぞれで、「これがおもしろい本だ」と断定できるような基準はないのですから。

そのため「自分にとっておもしろい本」について語ることしかできないのですが、それもまた難しい質問ではあります。そこでまずは、「おもしろくない、もしくはいい気持ちがしない本＝避けたくなる本」について考え、そこから「おもしろい本」を探ってみることにしました。そうすれば、おもしろい本の基準も明らかになってくるのではないかと思って。

もちろんそれも人それぞれですが、いずれにしても僕が避けたいのは次のような本です。

1：書き手の個性が見えない
2：自分語り（自慢）が多すぎる
3：文章に魅力がない

まず1。書き手の〝その人らしさ〟が表れていることは、基本中の基本だと思います。誰でも書けるような本がおもしろいはずもなく、逆説的に考えれば、書き手の個性が見える本は魅力的だということになります。〝その人にしか書けない〟ものであることが魅力につながるということです。

次は2について。若くして財を成した人（情報商材業者とか）が書いたビジネス書、あるいは自己啓発本などには、自分語り（自慢）が必要以上に多いものがあります。

もしかしたら、そういうものを好む人がいるのかもしれません。でも僕はまったく興味がなく、それどころか、過度な自己顕示欲には不快感を覚えもします。

したがって、自分語りをするなとはいわないまでも（僕だってするときはありますし）、それが多すぎない、つまりバランス感覚を持っている人の本をおもしろい、心地よいと感じるのです。

最後の3はいわずもがなですね。文筆家である以上、魅力的な文章を書くことはなによりも重要です。ですから文章に魅力がないものは敬遠しますし、書き手としても「自分の文章はおもしろいのだろうか?」という葛藤は常に抱え込んでいます。偉そうなことを書いていますけれど、僕だって魅力的な文章を書かなければならないわけで、そうやって悩むことは文筆家の宿命だとも思っているということです。

書評家が思う「おもしろい本を書く人」

では、おもしろい本を書く人とは、どんな人なのでしょうか? そのことについて考える際、避けては通れないのが人間性です。どれだけ人生経験を積んできたのかが、大きな意味を持つということです。

僕は10代のころ、団塊世代の先輩方から「苦労しなきゃダメだよ」などと説教された経験があるのですが、別にそういうことをいいたいわけではありません。そもそも生きていく以上、彼らがいうような〝ダメ〟な人生などあるわけがないのですから。

いいかえれば、不器用であろうが失敗ばかりであろうが、そこに他の人にはない〝味〟があるとすれば、そういう人の生き方はやはり魅力的なのです。

そして、結果的にはその部分が、その書き手の魅力になるのではないでしょうか。だから、結果として「おもしろい本」が生まれるわけです。「おもしろい人生」があるから、「おもしろい本」が生まれるといっても過言ではありません。

「この本、おもしろいなぁ。どうやったらこういう発想が生まれるんだろう」

「この人バカじゃないの？　けど、そんなところがたまらなく好きだ」

たとえばこういうことを感じさせてくれる本を書く人は、やはりそのバックグラウンドにある人生、あるいはそこで培われた人間性に魅力があるのです。優等生的でも模範的でもないけれど、なんだか不思議な味わいを感じさせてくれるような。

僕の場合でいうと、中高生のころ「この人の頭のなかはどうなってるんだろう？」と衝撃を受けたのは筒井《つつい》康隆《やすたか》さんでした。発想自体がぶっ飛びすぎているので、「こんなもの、他の誰にも書けない」と感じてぐいぐい引き込まれたのです。

私小説作家なら、ダントツで詩人でもあるチャールズ・ブコウスキー。国内では西村賢太さんでしょうか。どちらも無頼派すぎて、その奔放さに憧れはするものの、とても同じような人生は歩めないと感じます。

ここがとても重要で、つまりは「自分にはできない」と思わせる力を持った文章こそが「おもしろい文章」であり、だとすれば、そんな文章を書ける人はやっぱりすごいのです。

まだまだ全然ダメですが、僕もいつか人からそう思ってもらえたらいいなあと感じています。

書評とオリジナリティ

小学4年生のときのこと。

担任の先生が授業中、「オリジナリティ（独創性）」に言及したことがありました。どういう話の流れだったかは憶えていませんし、ましてや「オリジナリティ」とか「独創性」なんてことばを使ったわけでもありませんでした。しかし、そのとき聞いたことはのちに大きく役立つことになり、いまでもたびたび思い出しています。

「人と同じ（ことをしたん）じゃあ、おもしろくないじゃない」

教壇から語りかけるようにそうおっしゃった先生の姿を、はっきりと記憶しています。そして、それを聞いて「そうか、なるほど。つまり、自分で思いつくことが大切なんだな」と感じました。などと書くと偉そうですけれど、4年生にもなれば、誰でもその程度のことは考えられるものです。

同じことは、文章もしくは文章を書く人にもいえると思います。いや、それどころか、なんらかの創作をされる方すべてにあてはまることかもしれません。

「オリジナリティ（独創性）」は、それほど重要なのです。それが、先ほど書いた「おもしろい本」を生み出すことになるのですから。

たとえば文章に関していえば、

・自分らしさが出ている

・自分にしか書けない
・人の真似ではない

というようなことは絶対に必要だと思います。それは、オリジナリティなしには成立しないことでもあります。逆に、これら3つを備えているとしたら、その文章は読む人になんらかのインパクトを投げかけることになるでしょう。

「納得できるなあ」「わかるわかる！」「バカじゃないの？」などなど賛否はさまざまかもしれませんが、なんらかのインパクトがあるからこそ、その文章は読んだ人の心に残り、場合によっては影響を与えることになるわけです。

真似をする人

どの世界にもいえることですが、誰かの真似をする人は「おもしろい本（文章）を書く人」にはなれないと思っています。「おもしろいなにか」を生み出すこともできないはずです。「おもしろい人」にもなれないでしょう。

とはいえ、「気づかないうちに真似をしていた」というようなこともあるものでもあります。過去には僕も、そんな失敗をしました。ですからなおさら、「これは誰かの真似ではないか?」ということは常に考えるようにしています。無意識であろうがなかろうが、それをやってしまったら、人の心を打つ文章など書けるはずがないからです(だから、毎日悩んでいます)。

人は、ついつい失敗してしまう生き物です。だからこそ意識的に、自分のやっていることをできる限り客観視してみる必要があるのではないでしょうか。

ただ残念なことに、世の中には人の真似をすることになんの疑問も感じない方もいるものです。僕も過去に何人かそういう人と出会い、驚かされたことがあるのですが、そもそもそういう人には「真似をした」という罪悪感がないのです。

非難をしたいわけではありません。が、なにかについて「これ、いいなあ」と感じたら、なにも考えずに真似てしまえることに、純粋に驚かされたわけです。

僕の知る限り、堂々と真似をしてしまえる人には、「真似をしている」という自覚がないのです。それが悪いことだとも考えていないように見えるのです。

単に「これがいいと思ったから自分もやってみた」というだけの話。「なにが悪いんですか?」と開きなおられたこともあったのですが、そのときには、「こういう人がいるんだな」と非常に勉強になりました。

嫌味ではなく、読んでくださる人のなかには、そういう人も〝いる〟ということ。そのため、それが社会なのだと自覚する必要が、書き手の自分にはあると感じたのです。

ただし、すべての真似が悪いわけではないとも思っています。問題なのは〝自覚のない真似〟。しかし、その対象に敬意を払い、そこから学びたいという意識があるのであれば、それは〝敬意に基づく自覚的な真似〟となるはず。その真似には意味が生じるわけで、つまりは、影響の継承です。

そして誠実に真似ることを真摯に続ければ、やがてそれは「影響の先に生まれた別のオリジナル」となっていくのではないでしょうか。

書評家が思う「売れる本」「話題になる本」

さて、そうやっていろいろ考えてみると、「売れる本」が売れる理由もなんとなく見えてきます。端的にいえば「売れる本」は、他の人にはない個性を備えた「おもしろい人」による、その人にしか書けない本だということです。そして、それが多少なりとも読者に響いたとき、その本は「売れる本」「話題になる本」となっていくわけです。

もちろん、出版社やPR会社が仕掛けたパブリシティ（売り込みを受けての報道）効果で売れるというようなことも往々にしてあります。もちろんPRのすべてが悪いわけではなく、結果的に読者にためになる、〝よいPR〟も確実に存在するわけですが。

それにこういう仕事をしていると、「消費者の視点はなかなか鋭いなぁ」と実感することが少なくありません。テレビなどのマスコミに感化され、流されるままに買っている人も、いないわけではないでしょう。でも、だからといってすべての消費者がそうではないのです。

そもそも、本にかける1200～1500円というお金は、決して安くはありません。

マスコミの情報だけを頼りに買ってみたら損をしたというようなことも充分に起こりうるのですから、多くの人々はそうならないように用心し、その本が自分に必要であるかを考えたうえで購入するわけです。

そのとき重要な意味を持つのは、それまで生きてきたなかで身につけた知識、考え方、人生経験など、その人なりのなにか。それらを頼りにし、書評家やパブリシティからの情報なども〝参考〟にしながら、自分の判断で最適な一冊を選んでいるに違いないのです。

そして、そうやって選ぶ人が増えれば、結果的にその本は「売れる本」「話題になる本」へと成長していくことになります。つまり「売れる本」には売れるだけの、「話題になる本」には話題になるだけの〝正当な〟理由があるのです。

「売れる理由」や「話題になる理由」は予測できないものであるだけに、書き手も出版社も悩み続けるわけですが、そうしたバックグラウンドとしての根拠があるからこそ、その本は売れ、話題になるのです。

そして、書き手は「なにをどう感じて読者は本を買ってくれるのか」ということを忘れるべきではなく、そのために、ある程度の純粋性を持ち続けるべきなのではないかとも思っています。

「売れる本」「話題になっている本」を読む意味

若いころの僕は非常に屈折していて、目に見えるものをとかく否定したがる傾向にありました。たとえば本であれ音楽であれ、売れているものの大半は「売れ線だから」というだけの理由で否定していたのです。

話題になっている本にしても同じ。たとえばなにかの本がベストセラーになっていたり、話題になっていたりすると、「そんなのミーハーじゃん」と決めつけていたわけです。いま書いた、「売れる本には相応の価値がある」ということなど理解しようともせず、根拠もなしに一方的に決めつけていたということ。

人生経験が薄い若者時代って、ましてや自信がなければないほど、周囲を必要以上に敵視したりしがちです。どう考えてもコンプレックスの裏返しなのですが、つまり、あのころの僕はそんな状態にあったのです。とても恥ずかしい過去だと恥じていますが。

でも人生経験を積み重ねていくなかで、視野は少しずつ広くなっていきました。それでもまだまだ甘いと思っていますが、年齢を重ねてきたからこそ、「売れる本」や「話題になっている本」のことも肯定できるようになったのです。

だからというわけではありませんが、いまはそういう本はなるべく読みたいと思っていますし、できるだけ読むようにもしています。

もちろん、それが自分の好みとはまったく違うジャンルだということも考えられます。しかし好みと違うからこそ、読んでみることによって気づくこともあるはずだと思っているのです。たとえば最近読んだ本でいうと、いい例が『数の女王』（川添愛著、東京書籍）という作品でした。素数などの数学をテーマにしたファンタジー小説です。

たまたますすめられて読んだのですが、売れているとか話題になっているとかいう以前に、僕にとっては非常にハードルの高い本でした。数学が非常に苦手だし、ファンタジーにもまったく興味がなかったからです。

そのためなかなか頭に入ってこなくて、広告にあった「11歳くらいから大人まで楽しめます」という文章を見たときには、「自分はそれ以下かもしれない」とすら感じました。

たくさん出てくる数字に関する話も大半が理解できなかったのですが（そもそも数字が出てきた時点で、無意識のうちに拒絶）、それらのトピックスには素因数分解だとか三角数だとかフェルマーの小定理だとか、頭が痛くなるようなバックグラウンドがあると知り、「そりゃーわからないよなぁ」と納得させられもしたものです。

しかしそれでも、「白雪姫」をベースにしているというストーリーそのものはよくできていて、読みながら「いまごろ、この本をワクワクしながら読んでいる小学生がどこかにいるのかもしれないな」などと感じ、親しみをおぼえたりもしたのでした。

それは、読まずに通り過ぎたら味わえなかった感覚だと思いますし、そんな些細なことにも読書の価値があると実感しました。

たとえばこうしたことも、「売れている本」「話題になっている本」を読むことの価値だといえるのではないでしょうか。もし読まなかったら、そんなことを考える機会が訪れることはなかったのですから。

書評家が思う「自分に役立つ本」

一方、「自分に役立つ本」もあります。売れているかどうか、話題になっているかどうかなどということとは別の次元で、自分にとっては役立つ本は存在するわけです。仮に売れていなくて、誰も知らないような本だったとしても、自分にとっては価値のある本だということになるのです。

それはどんな本なのかは人によって違うでしょうが、僕の場合は、

1：意外にもしっくりきた（共感できた）本

2：自分から遠い場所にあった（はずの）本

が多い気がします。

1は、自分とは価値観も違っているはずなのに、なぜか〝なんらかの意味で〟響いた本。人間的に自分とは明らかに違うタイプの人が書いた本が、意外に役立ったりするの

がおもしろいところです。

そういう意味で、読むたびに「参考になるなぁ」と感じずにはいられないのが、編集者であり作家でもある末井昭《すえいあきら》さんの本です。母親がダイナマイトで自殺したという壮絶な過去を持ち、いくつもの雑誌を成功させた敏腕編集者でありながら、浮気をしたり、ギャンブルにハマッて借金まみれになったり、まさに破天荒な人生を歩んできた方。

しかし、どんなに悲惨な目にあったとしても飄々としているところがとても魅力的。落ち込んだときなどに末井さんの本を引っぱり出してきて、肩の力が抜けた文章を目で追っていると、「人間、なにがあっても生きていけるよな」という気分になってくるのです。

たとえば2018年の著作『生きる』(太田出版)のなかにある「人は良い方にどんどん変わっていけるということは希望があるということです」という一文には、ずいぶん助けられました。

2は、自分には関係ない、もしくは興味がないと思い込んでいたにもかかわらず、読んでみたらとても役に立った本。たとえばすぐに思い出すのが、『あなたが世界のため

にできる たったひとつのこと―〈効果的な利他主義〉のすすめ』（ピーター・シンガー著、関美和訳、ＮＨＫ出版）です。タイトルからもわかるとおり、「利他主義」をテーマにした作品。

恥ずかしながら、自分が生きるだけで精一杯で、この本に出会うまでは「人のために生きる」ということを意識したことはほとんどなかったような気がします。しかし読んでみた結果、「利他主義こそが21世紀にあるべきライフスタイルである」という本書の主張に大きく納得できたのです。

そして、この本をきっかけに、自分のなかのなにかが確実に変化しました。そういう意味で、これは自分にとっての「役立つ本」だったのだなと実感しています。

これらはほんの一例ですが、1と2に共通しているのは、「最初はとくに期待していなかった」ということ。でも視点を変えて接してみると、そういう本が大きく役立ってくれる場合があるのです。だから、本は魅力的なのです。

書評家が思う「意外な本の選び方」

何度も書いてきましたが、僕は書評を書くための本を選ぶとき、「読者に響くか」、あるいは「個人的に興味があるか」を基準にしています。そういう基準を持ち、そこに照らし合わせれば、「書くべき」適切な本を選ぶことができるからです。

一方、書評を書くという目的がなかった場合、つまりひとりの読書家という立場で本を選ぶ場合には、「好みの本を選ぶ」という手段とはまったく違う、変化球的な選び方があります。簡単なことで、普段の自分が選びそうもない本をあえて選んでみること。「読みたい本」を選ぶときには、どうしても「自分はこういう本が好みだから」という固定観念にとらわれがちです。しかし、それは自分の思い込みかもしれません。そこで、そういったものをあえて排除するわけです。

たとえば書店に平積みされている本のなかから、表紙のデザインに惹かれたものや、タイトルがピンときたもの、帯に書かれたコピーが気になったものなど、その本の内容とは違うことを基準にして選んでみるのです。

内容を確かめず、本文以外のことを基準にするのですから、読んでみたら、それ以前に自分が無縁だと思い込んでいたような本だったということも起こり得ます。しかも、それが意外におもしろかったというようなこともあるのです。

もちろん逆に「失敗だった」ということもあるでしょうが、それだって、読んでみて初めてわかることです。いずれにしても、自分が選びそうもない本を選び、読んでみれば、自分の視野を広げることができるのです。

ただ、失敗するかもしれない本を買うのは勇気がいることですよね。そこでおすすめしたいのが、ブックオフのような新古書店の110円コーナーを利用すること。あのコーナーには売れた本がたくさん並んでいますし、知らない作家の作品も見つけられます。だから、それを利用するのです。

失敗したとしても、たかだか110円の損失なのですから、ぜひ利用してみるべきだと思います。

「嫌いなものを買う」という発想

参考までに書き添えておくと、この「普段の自分が選びそうもない本をあえて選ぶ」という発想は、僕がゼロから生み出したものではありません。バックグラウンドにあるのは、知人のレコーディング・エンジニアの考え方です。

あるとき、彼が口にしたことばに驚き、そして強く感化されたのです。

「僕、嫌いなレコードをわざと買うようにしてるんです。嫌いだと思う以上は、その理由があるはずじゃないですか。だからお金を出して買って何度も聞いてみて、『どうして僕はこれが嫌いなんだろう?』って考えてみるんです。そうすれば、普段は気づかないことがわかると思うんで」

彼は15歳も年下で、そもそもこの話を聞いたのは、いまから20年近く前のことです。しかし、その時点で彼は僕が気づいていなかったことに気づいていたわけで、だから強く心に響いたのです。

そして本当に衝撃を受けたので、以後の僕はその考え方を〝真似〟しようと決めました。先に触れた〝敬意に基づく自覚的な真似〟です。学ぶ価値のある、とてもよい考え方だと思ったからこそ、自分のやっていることにも同じ考え方を「サンプリング」しようと思ったのです。

そして長い歳月を経たいま、彼から継承した考え方は「影響の先に生まれた別のオリジナル」として僕の内部に息づいています。それは、読書をする際にも大きく役立っています。

つまりそれが、「興味のない本をあえて買う、あえて読む」という発想や行動につながっていったのです。『数の女王』にしても、そうやって培ってきた考え方がなかったとしたら、読まないまま通り過ぎていたかもしれません。

でも、あえて読んでみたからこそ、（些細なことかもしれないけれど）感じるものがあったわけです。それは本と向き合う際に、とても重要な価値観だと感じます。

ですから彼には感謝しなければいけないなと、本当に思っています。

第3章　年500冊の書評から得た技術

「人の心をつかむ／動かす」文とは？

日記のような、誰にも見せることのないプライベートなものであるなら、それはまた別の話。しかし、なんらかの形で誰かに見せるという目的があるのだとすれば、文章には絶対に必要なものがあります。

それは、読んだ人の心をつかみ、動かし、共鳴させること。

文章で世界を変えることはできないかもしれませんが、読んだその人の心をつかんで動かすことなら可能かもしれません。そして文章である以上、そうあるべきだと僕は思っています。

では、人の心をつかみ、動かす文章とはどのようなものなのでしょうか？　もしそう問われたとしたら、（繰り返しになりますが）やはり「その人にしか書けない文」だということになるでしょう。

もちろん、簡潔で読みやすい文章であることは大前提です。その大切さについても、ここに至るまでの間に書いてきました。しかし、ある意味では矛盾するかもしれませんが、「その人にしか書けない文」であることは、もしかしたら文章力以上に最優先されるべきものかもしれないのです。

「簡潔で読みやすいが、誰にでも書ける文章」と「文章は下手だけれど、その人にしか書けない文章」があったとしたら、評価が高いのは後者だということ。いうまでもなく「その人にしか書けない、簡潔で読みやすい文章」であるべきなのですが、それが叶わなかったとしても、〝その人らしさ〟が反映されていることがいちばん重要なのです。たとえば僕の同業者に、正直にいえば文章が下手な書き手がいます。ただし、その人の文章からは、読んでいるこちらが悔しくなってくるほど〝気持ち〟がストレートに伝わってくるのです。

そのため、文章に多少のアラがあったとしても、「伝わってくるんだから、それでいいや」と思わせてくれる。それどころか、がっちり心をわしづかみにするのです。すなわちそれが、人の心を動かす文章。それこそが、電化製品の取扱説明書の文章との違いです。

そう思っているからこそ、僕自身も常に「果たして、この文章は読む人の心に届いてくれるだろうか?」と考え、その時点における最善を尽くしているつもりです。

人の心をつかむために意識すべきこと

では、どうすべきか? 僕に関していえば、基本的には感覚的に書いているので、マニュアルのようなものを用意しているわけではありません。ただし意識していることはあって、それは「本音」や「気持ち」を隠さないこと。

僕は文章を書く際、無意識のうちに「かっこいい文章」を書こうとします。自分の文章をかっこいいと思ったり、好きだと感じたりすることはとても大切だと考えているからです(このことについては、次に書きます)。そして、本音や気持ちが表れていることは、「かっこいい文章」の大前提だとも思っています。

たとえば、大きな話題を呼んだベストセラーがあったとします。その本についての書評として、次のどちらが魅力的だと感じるでしょうか?

本書は、〇十万部のベストセラーとなった〇〇〇〇年作『△△△△△』に次ぐ□□□□の新作である。前作は短編集だったが、今作は著者にとっての初の長編。そのせいか全体的に力が入っている印象があり、ストーリーもよく練り込まれている。現時点で〇万部を売り上げているというが、なるほど納得できる話ではある。

〇〇〇〇年の前作『△△△△△』に次ぐ本作は、著者にとって初の長編だ。そのため期待と不安が入り混じっていたのだが、最初の3ページを読んだだけで心をぐっと持っていかれた。最初の段階から疾走感に満ちており、早くページをめくりたいと感じてしまうのだ。それだけストーリーが練り込まれているし、主人公◎◎◎◎を筆頭とする登場人物の個性も非常に際立っている。

ちょっと極端に書いてしまいましたが、データを軸とした前者よりも、後者のほうが書き手の興奮が伝わってくるのではないでしょうか？

もちろん書くにあたっては冷静さも重要なのですが、「書かずにはいられない」という想いをなんらかのかたちで表現することは、それ以上に大切だと僕は考えています。うまいか下手かという以前に、書き手のそんな想いこそが人の心を動かすはずだから。

データは調べればわかることですが、その人がどう感じたかは検索できないものなのです。

自分の文を好きになる

自分の文章はこれでいいのかと、日々悩み続けていることは先にも触れました。この仕事を続けている以上、あるいは文章を書き続けている以上、そんな思いは死ぬまで消えないのだろうなとも思います。

しかしそれは心地よくもあることで、ましてや現在の自分の文章が嫌いだという意味ではありません。「よりよく」なりたいと思い続けているだけで、基本的に僕は自分の文章が大好きなのです。

いま、この瞬間がまさにそうなのですが、書いていることそれ自体を楽しく感じます。

そして、できあがったものを読みなおし、「いいなあ」と感じることも少なくありません。

なんてことを書くと、「どれだけ思い上がったやつなんだ!」と思われるかもしれませんが、そういうことではないのです。おかしな表現ですが、文章を書くうえでは〝客観的な自己満足〟も大切なのです。別の表現を用いるなら、自分で読み返して「いいなあ」と思えるくらいのレベルでないと、世に出す資格はないわけです。

たとえば読み返してみた結果、「いいなあ」と思えなかったとしたら、そこには間違いなくミスや落ち度があるはずです。だからそんなときには、何度も読み返して問題の箇所を発見し、書きなおすことになるのです。

ちなみに「いいなあ」と思えるような要素にもいろいろありますが、そんななかで僕がとくに重視しているのがリズム感です。

リズムの重要性についてはあとで詳しく書きますが、書きながら、あるいは書き終えたとき、その文章にリズムを感じると、「かっこいいなあ」と感じるわけです。自分がかっこいいと感じない限り人には響かないのですから、そこはひとつの通過点だと考えています。

それが大きな勘違いである場合もないとはいえませんが、それでもいいのです。必要最低限のクオリティと説得力を備えた文章を書けたのであれば、あとは気持ちを上げていくべきなのですから。

ヒップホップのトラックメーカー（リズムトラックをつくる人）の原点は、近くにいる仲間に「このビート、かっこいいだろ」と聴かせてみせることです。それが大ヒットするかしないかという以前に、仲間が共感してくれることがまず重要なのです。

同じことが、文章にもいえると思っています。「この文章、かっこよくね？」なんてことを人にいう機会は多くないでしょうが、書いた文章に対してそういう思いを持つことは大切だと信じているのです。

自分の文を好きになるには？

とはいえそれは、ヤンキー的な意味での〝気合い〟に近いものなのかもしれません。

スキル以前の、気持ちの問題。では、気持ち以外に、自分の文章を好きになる方法はあるのでしょうか？

幸い僕は、自分の文章が好きになれないという経験はしたことがないのですが（たぶん呑気なだけなのでしょうけど）、「どうしても自分の文章を好きになれない」という方がいらっしゃっても不思議ではありません。そこで、自分の文章を好きになるために大切なことを考えてみました。

1：とにかくいろんな人の文章を読む
2：毎日毎日読み続け、そんななかから特に好きな書き手を見つける
3：その書き手の文章を、なるべく多く読んでみる

どれも当たり前ですが、忘れるべきではない基本中の基本です。いろいろな文章を読んでみないと、自分がどのような文章を「かっこいい」と感じるのかがわからないからです。また、読み続けていれば必ず好きな文章に行きつき、自分が「かっこいい」と思

う表現、スタイル、傾向などがわかってくるのです。

そしてそこまでたどり着いたら、

4：その書き手の文章を意識しながら書いてみる

これが次のステップ。つまり、「真似をする」のです。当然ながらこれは、第2章に書いた〝敬意に基づく自覚的な真似〟です。別のいい方をするなら、自分にとっての〝練習〟。世に出すために書くのではなく、自分の文章を世に出せるレベルにまで高めるための練習として、好きな書き手の文章を真似てみるということです。

そうして書いたものを読みなおしてみて「これはまだ模倣のレベルを超えていないな」と感じた場合は、まだまだ練習が足りないということ。だからまた練習を重ね、「これならいいかな（＝かっこいいな）」と思えたときに初めて、それを外に向けて発信すべきなのです。

この段階についての注目点は、「これならいいかな（＝かっこいいな）」と思えたときはすでに、真似を超えているということです。そしてそこまで到達できれば、その先には「真似」を出発点としたオリジナリティが生まれてくる。いってみれば、そこで〝自分の文章〟になるのです。

模倣で終わってしまう人は、その練習をしていないから模倣のままなのです。でも練習さえ続ければ、真似はいつかオリジナルになります。

書けないときはどうしたらいいか？

「書けないときはどうしてるんですか？」

ほぼ定期的に、こういう質問をされることがあります。ということはつまり、そのことで悩んでいる人が、どんなときにも一定数存在するということなのでしょう。

僕は文章を書くことがなによりも好きなので、「書けない……」と頭を抱えてしまうような極限状態に追い込まれた経験はありません。そもそも性格が雑なので、「苦悩してる時間があるんだったら、むしろ『書けません』と開きなおっちゃったほうがいいよね」と楽観的に考えてしまうのです。

でも、実はそれって大切なこと。つまり書けなくなったら「いまは無理だな」と判断し、一時的に書くことをやめればいいのです。なぜって、書けないときはどう転がっても書けないものだから。そんなとき、抗うことはできないのです。

たとえば、アスリートが「足の調子が悪いなぁ」と感じていたとしたら、そんな状態で走ってもいい結果など出せるはずがありません。結果に結びつけたいなら自分の状態を良好に保つべきで、だとしたら無理して走るのではなく、状態をよくすることに力を注ぐ必要があります。同じことが、文章を書く人にもいえるのです。

人間は完全ではないのですから、書けないとき、書く気が起こらないときはあって当然です。重度か軽度かの差はあるかもしれませんが、〝乗らない〟ときはあるのです。ならば、そんな状態のまま納得できない文章を書き続けても時間の無駄。だから、そんなときは「いまは書ける状態ではないな」と判断し、距離を置いたほうがいいと思います。

たとえば関係のない本を読んでみるとか、あるいは軽い運動や散歩をするとか。僕の場合は、目的なしに自転車で走り回ることが多いかもしれません。

ただし、ネットサーフィンとか、ＹｏｕＴｕｂｅをダラダラ見続けるというようなことはおすすめできません。無題に時間を浪費してしまいますし、思いのほか疲れてしまうものだからです。やはり、いちばんいいのは体を動かすこと。ちょっとした運動をするだけでも、気持ちはリフレッシュされるものです。

小川未明が教えてくれること

日本の児童文学の権威である作家の小川未明が、１９１８年（大正7年）の著作『描写の心得』のなかに残した「文章を作る人々の根本用意」には、文章を書く人にとって非常に重要なことが書かれています。

想いや感じることを書いてみた結果、うまく書き進められるのなら、それは文章がある域にまで達したということ。しかしその一方、「一字一行にも骨が折れてどうにも書き進められない」こともあるもの。そんなときは悩み、「自分には文章が書けないのではないか」と絶望的な気持ちにさえなる。しかし、そうやって悩んでいる人には、次のようなことばを投げかけたいというのです。

まず筆をおいて、単に文章を書こうとしたのか、それとも本当に書きたい思いや心持があって書こうとしたのか、そのいずれかを静かに考え返してみるがいい。そしてもし心の内に、美しい文字や流行の文句を使ってみたいから書こうとしたのだと心づいたら、それは一行の文章を成さなかったのが至当《あたりまえ》なのである。その人はそういう文章を作ろうとしたことに対して、まず愧《は》じることを悟らねばならない。もしまた已《や》むに已まれない思いや心持があって、しかもそれが書けないのだとわかったら、それはむしろ一行の文章すら出来なかったのが不思議なのである。その人はその場合文字に拘泥した為めに書けなかったのか、それともまだ〳〵自分の思うところや感ずるところをはっきりと掴んでいなかったのか、そのいずれかの結果であると思わねばならない。

（「文章を作る人々の根本用意」より）

もし、単に流行りで書こうとしたのであれば、書けなくて当然。でも、「書かずにはいられないなにか」があるのに書けないなら、細かなところに執着しすぎたか、自分自身の本当の気持ちをつかみ切れていなかったのか、どちらかであると思うべきである。

そんな内容だと思いますが、つまりは1：自分がなんのために書いているのかという自覚を持ち、2：なにが書きたいのかをとことんまで突き詰めるべきだということではないでしょうか？　100年以上前に書かれた文章ではありますが、これは文章を書いている現代の人々すべてへのメッセージとして、いまも意味を成していると思います。

ネット図書館「青空文庫」に全文が掲載されていますので、興味のある方はぜひ読んでみてください。

文章は適切に分解する

文章を書いていると、なんとなく文章がまとまらなくなってくることがあります。

書きたくないわけではなく、むしろ書きたいことはたくさんあるのに、それらを読みやすく伝えられるような文が書けなくなってしまうというような状態です。

しかも、そういうときは神経を集中させているものです。そのため、一度そんな沼に入ってしまうと、なかなか抜け出せなくなる、つまりはまとめることがどんどん難しくなってくるのです。

過去には僕も似たようなことがありましたが、あることに気づき、実践してみたら沼に落ちる確率は著しく減りました。などと書くと大げさに聞こえますが、その「あること」はとてもシンプルです。

「長くなりがちな文章は、適切に分解したほうがいい」というだけの話。

書きたいことが多ければ多いほど、それを文章にしたいという想いは強くなってくるはずです。そしてそんなときは、勢いをつけて書くことができるでしょう。ところが、あるときを境に、書けなくなってしまう……。

なぜ、そんなことが起こるのでしょうか？　実は簡単なことで、一文のなかに無理やりすべてを詰め込もうとするから無理が生じてしまうのです。

ちょっと次の文章を読んでみてください。

過去に営業職のビジネスパーソンとして働き続け、さまざまな苦難と直面してきたという著者は、この本を通じ、営業の現場で積み上げてきた実績や失敗を軸として、そこから得た知見を明かそうとしているのですが、だからといってここで難しい持論を展開しようとしているわけではなく、目指しているのは自分と同じような苦悩に直面している営業マンに向け、自身のスキルを伝えることです。

これまた極端な例文ですが、これを見ると一文のなかで一気にいろいろなことを伝えようとしていることがわかると思います。でも、そんなときは一文で表そうとせず、いくつかの文章に分解すればすんなり解決します。

著者は、過去に営業職のビジネスパーソンとして働き続けてきたという人物。そのプロセスにおいては、さまざまな苦難と直面してきたと当時を振り返っています。そこで本書でも、営業の現場で積み上げてきた実績や失敗を軸として、自らが得た知見を明かそうとしているのです。しかし、難しい持論を展開しようとしているわけではありません。視線の先にあるのは、もっと実践的なこと。自分と同じような苦悩に直面している営業マンに向け、自身のスキルを伝えることを目指しているのです。

いかがでしょうか？

文字数は増えているのに、なんだかスッキリした感じがしませんか？　それは、長くなってしまいがちな文章をあえて分解しているから。そうすれば、伝えたいことひとつひとつが、より伝わりやすくなるのです。

書評技術のSNSへの活かし方

僕は過去に何度か、「話をするとき、前置きが長い」とツッコミを入れられたことがあります。たしかにそのとおりで、話すことに関しては「あの前置きがなかったとしても充分に伝わったはずだし、むしろ前置きがあったことで話がまどろっこしくなったな」と、あとから反省することもしばしば。

つまり思ったことを瞬時に言語化することが少し苦手なので、フリースタイル・ラッパーには絶対なれないだろうなぁなどと思ったりもしています（そもそも滑舌が悪いしな）。

しかし、文章となると話は別。なぜなら話をするのとは違い、書いた文章を発信するまでの間には「読みなおす」というフェーズが挟まるからです。その時点である程度は客観視できるので、無駄が省けるわけです。

この「客観視する」ということは、文章を書くうえでとても重要。そしてそれは、ツイッターやフェイスブック、ＬＩＮＥ、インスタグラムなどのＳＮＳを利用する際にも応用できると思います。

たとえばツイッターの場合、投稿できる最大文字数は２８０字です。原稿用紙一枚分にも満たない文字量のなかで、伝えたいこと、表現したいことをまとめなければならないため、必然的に文章を削る作業が必要になります。面倒だと思われるかもしれませんが、実際問題としてこれは文章の無駄な部分を省く練習になります。

たとえば僕は告知したいことなどをフェイスブック、ＬＩＮＥ、ツイッターで発信していますが、フェイスブックに書いたことをツイッターにペーストしたら文字数がオーバーしていた、ということがよくあります。

そんなときはなんとか２８０字に収めようと四苦八苦するのですが、その過程で、フェイスブックに書いた時点では見逃していた無駄な部分を発見したりもします。これは、必要に迫られない限り気づけないことだと思います。

そしてツイッターでの２８０字に慣れてくると、つまりはそれを習慣化できると、無駄なことをダラダラ書くことが少なくなっていきます。つまり、フェイスブックやＬＩＮＥ、インスタグラムなど他のＳＮＳの文章も簡潔になっていくのです。

ちなみにフェイスブックに長文をアップしている人を見かけますが、現実問題として、そういうテキストは読みやすいものではないと個人的には感じています。

本人が満足しているのなら別にかまわないのですが、読んでもらいたいという気持ちが多少なりともあるのであれば、簡潔で無駄のない文章を書くことはやはり大切。そういう意味でも、SNSを活用して簡潔な文章を書く習慣をつけることには意味があるのです。

1. まずは勢いで書いてみる
2. 書き終えたら、無駄がないか見なおす
3. 無駄な部分を省く

簡潔で無駄のない文章を書くためのコツがあるとすれば、この3ステップです。これを習慣化できれば、次第に無駄が省けるようになり、文章がソリッドになっていくと思います。

読書術としての書評

「本を読むのが遅い」「読んでも忘れてしまう」などの悩みを抱えている人は少なくな

いようです。僕は『遅読家のための読書術』（ダイヤモンド社）、『読んでも読んでも忘れてしまう人のための読書術』（星海社新書）と、読書術の本を出していますが、刊行するたびに「読めない自分をなんとかしたい」と思っている方が（予想以上に）多いことを実感します。

実はその人だけが読めないのではなく、大抵の人は自分の読書法に不満や否定感を持っているものなのですけれどね。

それはともかく、もし読書術を身につけたいのであれば、書評を書く習慣をつけるのもいいかと思います。そんな習慣が結果的に、読書スキルを向上させるからです。

・あくまで「記録」と考える
・難しいことを考えない
・文字数も書き方も自由
・人に見せない

これらを念頭に置き、読むたびにその本の内容を〝自分なりに〟まとめる習慣をつけるのです。自分のために書くものであり、評論するわけでもないので「書評」というよりは「メモ」に近いかもしれませんが、どうあれその習慣は、少なからず読書スキルを高めてくれると思います。

・内容をまとめる習慣がつく
・自分にとって印象的だった部分を再確認できる
・その本についての記憶を効果的に残せる

メリットは、こういったことでしょうか。

なお、文字数も書き方も自由なのですから、専用のノートブックをつくるもよし、ダイアリーに書き込むのもよし。あるいは、スマホのメモ欄を利用したり、他の人は見ることができない書評専用アカウントをつくってみるのもいいかもしれません。

僕も試したことがあるのですが（いまはやっていませんけれど）、習慣になってくるとその行為自体が楽しくなってくるので、読書習慣にもリズムがついてくるはずです。

久しぶりにやってみたものを次のページに載せておきます。

年間約500冊の書評で得た「要約力」

右のような見出しをつけてしまうと、なんだか偉そうな感じがします。でもそれはイメージの問題でしかなく、実際には、自分に特別な要約力があると思っているわけではありません。ただ愚直に書評を書き続けてきた〝結果〟、いつの間にか「要約するコツ」のようなものが感覚的に身についていただけの話。

ほぼ毎日締め切りがあり、少なく見積もっても一日に1～2冊の本を読み、年間500本以上の書評を書いていれば、誰だってその程度のことは身につくものなのではないでしょうか？　別に、僕が特別だということではないのです。

ところで第1章で触れたように、僕の書く書評の何割かは従来的な難しい書評とは性

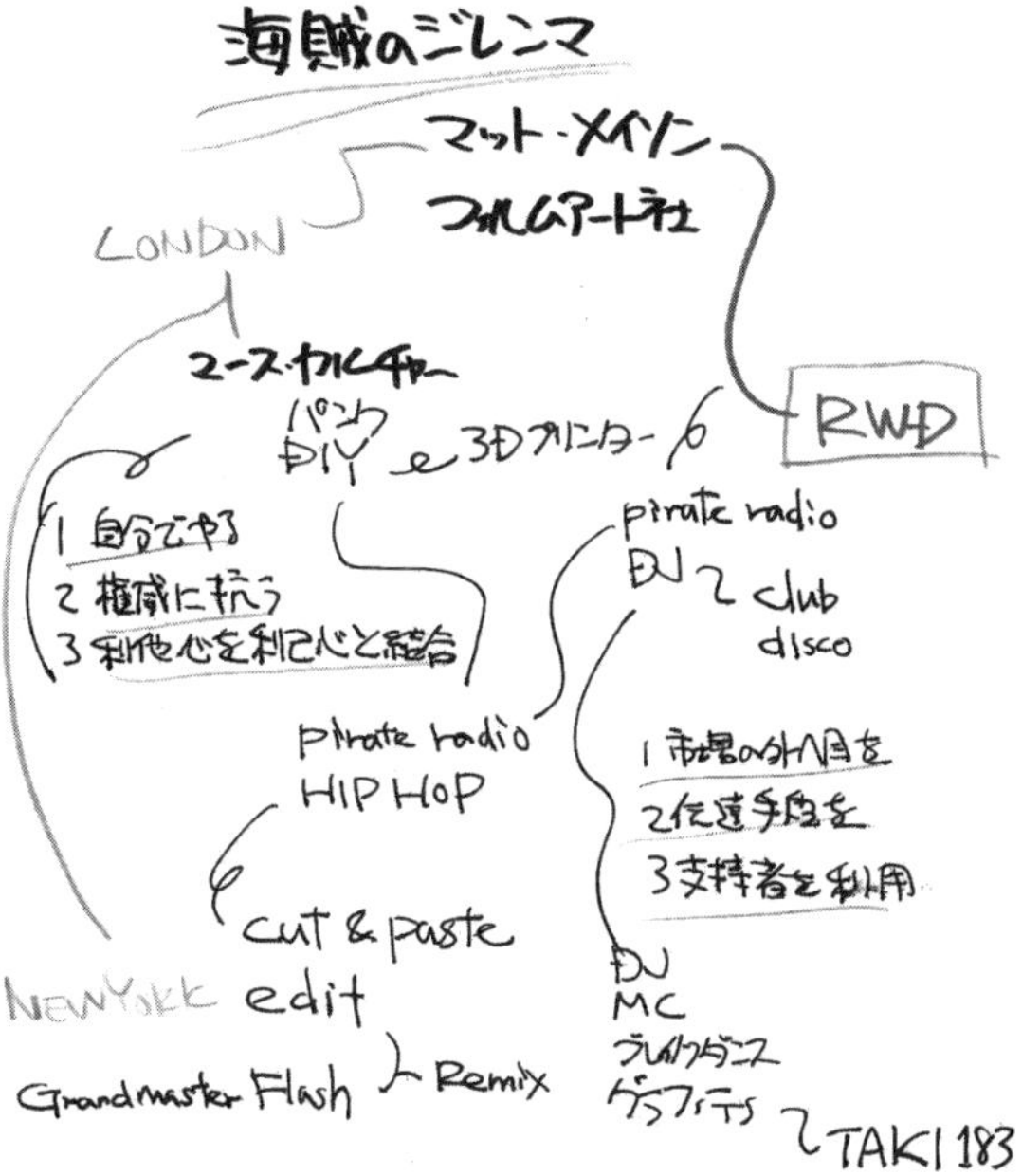

※本の内容をまとめてみた（メモ書きした）例

格が違い、あくまで「入り口」です。

入り口である以上、重要な意味を持つのは、1どんな読者に、2どんなことを、3どの角度から、4どのくらい伝えるべきかということ。

読んでくださった人に、「なるほど、そういう本なのか。おもしろそうだな」と興味を持っていただくことが目的なのですから、「どういう読者に、その本のどの部分が刺さりそうか」アタリをつけることが必要になってくるわけです。

それは、刺さりそうな部分だけをクローズアップすればいいということでもあります。必ずしも、一冊分すべてを解説しなくてもいいのです。逆に一冊分すべてをまとめてしまったとしたら、非常に散漫な書評になってしまうと思います。ですから「どこにポイントがあるか」を見極め、そこを中心にまとめるべきだと僕は考えています。

・全体像（著者について、テーマ、特徴など）
・読者のニーズに合わせたトピックを抽出し、そこを話題の中心として話を進める
・まとめ

すべてがこうしたパターンだとはいえませんが、僕の場合はこうした流れに沿って話を進め、まとめていくことが多いように思います。大切なのは、どこに焦点を当て、それを誰にぶつけるかということだと考えているのです。

要約した文だけが「人を動かせる」

もう何十年も昔の話ですが、小さな広告代理店で求人広告制作の仕事をしていたことがありました。そしてそのころは、「あれも入れろ、これも入れろ、とにかく色数を増やして派手にしろ」ととんでもない要求ばかりしてくる営業さんと、いつもやりあっていました。

こちらに営業マンとしての知識やスキルがないように、営業さんには制作の知識やノウハウがありません。そう考えれば無茶な要求をするのは仕方がないことでもあるのですが、しかし制作の側からすれば、情報を盛り込みすぎることが得策でないことはむしろ常識。

大切なのは、あえて情報量や色数を最低限に抑え、ストイックかつ上品に見せることです。派手でありさえすれば効果的だというのは勘違いで、情報量が増えれば増えるほど、散漫なものになって品も失われ、人の目につきにくくなるのです。当時はなかなかそれがわかってもらえなかったため、いろいろ苦労したのですが。

それは余談ですが、しかし似たことは文章にもいえると思います。

というのも「読者に伝える」という目的を履き違えてしまうと、「これも入れておかないといけないのではないだろうか？」「でも、そうすると、これも必要だ」「これも入れないと、話の辻褄が合わなくなってしまうのでは？」などと余計なことを考えてしまいがちだからです。

伝わるかどうか不安だからこそ、情報量を増やすことに謎の使命感を持ってしまったりするのです。

でも、それは大きな勘違い。むしろ、情報量を増やせば増やすほど、文章全体の輪郭はぼやけてしまうものです。体型と同じで、キリッと引き締まっていてこそ魅力的なものになるのに、メタボ状態になってしまうわけです。

なお、それは書評だけの話ではなく、SNSや、インターネット・メディア全般にもいえることだと思います。

要約すれば「超時短」になる！

「本の内容を要約しよう」などと聞くと、難しそうだなと思われるかもしれません。しかし実際には、難しいどころか「超時短」になるはずです。なぜなら要約とは、無駄な部分を排除することでもあるから。

どんな本であれ、多くの場合は自分にとって必要な部分と、そうでない部分はあるもの。だから無駄を省けば、時間の浪費を減らすこともできるのです。

改めて、大切なことを確認しましょう。要約とは必要なポイントをまとめることであり、要約するにあたっては「どこに焦点を当てるか」を意識するべきだということです。

誰かに見せるためのものであるなら、読者のニーズを推測することが必要になってくるでしょう。しかし、自分のための要約なら、その作業は必要なくなるのです。いうまでもありません。自分がなにを求めているのかは、自分がいちばん知っていることだからです。

そのためにまずすべきは、読む前に目次をチェックすること。そうすれば、「自分に必要なのはこの部分だな」ということがわかるからです。そして、「ここは必要ないだろう」ということも感覚的に理解できるはずです。

そこで、必要だと判断した部分に軸足を置いて読み、要約すればいいのです。必要ないだろうと思う部分まで無理して読んで要約したとしても——その作業が無駄だとまではいいませんが——結果的にはあまり役に立たないことが多いと思います。経験からいって、僕の場合はそうでした。

いいかたを変えれば、必要なところだけを要約するからこそ、その内容が頭に入ってくるのです。しかも、そうだとすれば、要約するという作業はさほど難しいものではなくなります。なぜって必要のない部分、作業を省いたのですから。

だからこそ、超時短なのです。

経験上、必要ないと判断したところを省いたために困ったという経験はありません。仮にあったとしても、そのときに改めて読みなおしてみればいいだけ。そう考えると、書評における要約というプロセスが、いろいろな場面に応用できることがわかるのではないでしょうか。

要約、7つのポイント

では改めて、要約する際のポイントをまとめてみましょう。これらを実践し、習慣化できれば、無理なく要約力を身につけることができるはずです。そして後述するとおり、その力はさまざまな場面で応用することが可能です。

1：誰に向けるのか、ターゲットを明確にする（自分なのか、他人なのか）
2：そのターゲットが求めているもの（ニーズ）を見極める
3：当該書籍の目次をチェックし、ニーズにかなった部分を探し出す

4：その部分を、どう伝えるべきかを〝具体的に〟考える
5：〝わかりやすさ〟を意識しながら、その部分を簡潔にまとめる
6：書き終えたあとで推敲《すいこう》し、問題があれば修正する
7：「あれが足りなかったのでは？」などと考えず、よい意味で割り切る

要約をする際のポイントは、このような感じになると思います。少なくとも僕はこうした流れに沿って書くことが多いですし、そうすればたいがいの本をまとめることができます。

なお、1、2が重要であることは当然ですが、同じくらい無視できないのが7です。要約作業に慣れていない場合、しかも真面目な人であればあるほど、要約しながら「これでいいのだろうか？」「なにか足りないのではないだろうか？」と必要以上に考えてしまいがちだからです。

しかし実際のところ、なにかが足りないから文章がまとまらないということは、ほぼないといってもいいと思います。そもそも、もし足りない部分があったとしたら、その

文章はまとまらないでしょうし。

一方、忘れるべきでない重要なポイントは、起点と終点をイメージしておくこと。「ここからスタートして、最終的にこういう結論で終わらせよう」という漠然とした地図を頭のなかに置いておけば、緻密な設計図を描くまでもなく道はできあがっていくものなのです。それは、経験を積めば積むほど難しいものではなくなっていくことでしょう。

わかりやすく要約して伝える方法（仕事のメール、など）

ビジネスでの〝伝え方〟に関し、僕がもう何年も前から主張し続けているのが「メールでの伝達法」です。というのも僕の知る限り、メールでの伝達法がうまくない人が一定数いるからです。

なお、そういう人にはひとつの共通項があります。端的にいえば、真面目だということ。真面目で優秀だからこそ、メールで伝達する際にも考えすぎてしまうのです。

伝えるべきことが「○○」だったとしたら、そのことを簡潔に伝えればいいだけの話です。ところが真面目な人は、「○○である理由」とか「○○に際しての注意点（お願い）」とか、別にその段階で書かなくても困らないことまで書いてしまいがち。

本人にしてみれば、それは重要なことなのかもしれません。しかし多忙なビジネスパーソンには、余計な情報が大半を占める長文メールを悠長に読んでいる時間などありません。だとしたら、読む側の事情を鑑みてメールを書くべきです。なのに、「あれも書かなきゃ」「これも書かなきゃ」と切迫感めいたものに脅されてしまい、つい長文を書いてしまうのです。

たとえば僕のところには月末が近づくと、取引をしている会社のひとつから請求書を送ってほしいとのメールが届きます。それ自体はありがたいのですが、問題はその内容です。

いま試しに文字数をカウントしてみたのですが、1174字もありました。想像がつくと思いますが、1000字のメッセージを読むためには、びっしり文字で埋まった画面をスクロールしなければなりません。でも現実問題として、その大半は必要のない情報なのです。

そう断言できるのは、もう何年も前から送られてきているそのメールを、きちんと読み込んだ経験が僕にはないからです。つまり、わざわざ熟読しなくても、「ポイントはここだな」とアタリをつけて自分のなかで「要約」すれば、それでこと足りてしまうのです。事実、それでトラブルになったことは一度もありません。ということは、毎回1000字のメールを送ってくるその担当者の作業は、大半が無駄なのです。

しかも、そういった長文メールはたいてい嫌われます。それはそうですよね。読めば時間を奪われるのですから。そればかりか、受けた側に対して「要約」を要求することになってしまうのですから。つまり、いいことはひとつもないのです。

すぐにできる打開策として、そういうタイプの人に僕が提案しているのは、「せめて読む側に画面をスクロールさせない文字量に収めるべき」だということです。スクロールさせれば、相手には無駄なストレスがかかります。だから、そうさせてはいけないのです。でもスクロールせずにすむ程度なら、だいたい500字程度に収めることができるはず。そのためにも要約力をつけておくことは大切なのです。そのため要約力をつけることができれば、ビジネスもスムーズに動いていくことになると思います。

すぐ要約できる「3ステップ・チェック」

要約力がビジネスの現場で生かせるのは、なにもメールだけに限った話ではありません。なぜならビジネスパーソンは、現実問題として情報の洪水のなかで仕事に臨んでいるからです。つまり、要約しなければパフォーマンスが低下するのです。

たとえばひとつのプロジェクトを進めるにあたっては、さまざまな付帯情報を集める必要があるでしょう。もちろんそれ自体は大切なことですが、しかし、すべてが実務に必要ではないはずです。膨大な資料のなかから必要なものだけを取捨選択して理解し、仕事に臨む必要があるということです。

具体的に考えてみましょう。たとえば分厚い資料が目の前に置かれたとしたら、重要なのはその内容をなるべく短時間で理解することです。簡単なことではありませんが、そんなときは日常の読書習慣で培った要約力を応用してみればいいのです。

本と向き合ったとき、まずは目次をチェックして、自分に必要な箇所を見つけ出すべきだということは先にも触れました。まずは狙い目をピンポイントに定め、必要なところだけを読めばいいという考え方ですが、この手法は資料の内容を短時間で理解することにも応用できます。

1：目次をチェックし、全体の流れを把握する
2：取り急ぎ必要なページを集中的に読み込む
3：最後のまとめ部分を確認する

僕は勝手に「3ステップ・チェック」と読んでいるのですが、おおまかな流れはこのような感じです。通常、資料の前半は「市場の現状」「問題」などの説明にあてられることが多いはずです。それらを踏まえたうえで、「では、どうやって問題をクリアし、よりよい結果につなげるか」という流れになっているわけです。

しかし実際のところ、前半に書かれていることは、現場の人間からすれば「わかりき

った、当たり前のこと」です。だとすれば、そこを飛ばしてしまっても問題が起こることはまずありません。繰り返しになりますが、わからなくなったり混乱したら、そのとき改めて、飛ばした部分に戻ってみればいいだけなのですから。

だからこそ、3ステップ・チェックを使い、無駄をばっさりと省くべき。そうすれば手間もかからず、慣れてくればさらに仕事の効率が高まっていくはずです。

「1→3ショートカット」

情報であふれかえったビジネスシーンを〝効率的に〟生き抜くためには、「要点」を短時間でつかむスキルが絶対に必要です。だから要約力を身につけておくべきなのです。

とはいえ、「そんなこと、簡単にできるわけがない」と思われても無理はないかと思います。分量のある書類の内容を把握したり、誰かのプレゼンテーションから要点だけを抜き出すのは、決して楽なことではないのですから。

ただ、できることはあるのです。文章や話の構造が理解できていれば、それは意外にたやすいことでもあります。

それは「最初」と「最後」に焦点を合わせること。企画書にもプレゼンテーションにも、一定の〝型〟があるので、そこを理解しておけばいいのです。

1：問題提起↓2：根拠↓3：結論

きわめて大まかな考え方ではありますが、企画書やプレゼンテーション、あるいはビジネス書のパラグラフ（段落）などは、多くの場合、このような構造になっています。

まず、問題点を指摘し、それを解決するためにはどうしたらいいのかと問いかけてくるのが1の部分。次に2では、「なぜ、そういう問題が起こるのか」「背景にはなにがあるのか」などバックグラウンドに関する解説が続きます。そして最後の3で、問題を解決するための方法＝結論が提示されることになります。

つまり、ざっくり考えると、根拠などを解説している2を無視したとしても、1問題提起↓3結論とショートカットしてしまえば、話の要点はだいたいつかめるわけです。

ビジネスの現場においては、必然的に〝速さ〟が求められます。複数人で資料を読み合わせているときに、自分ひとりだけ「理解できない……」と遅れをとってしまうわけにはいきません。つまり、「おおまかにでも」全体像をつかむ必要がある。

そこで、「1→3ショートカット」を活用するのです。少なくともそうすれば、その場で後れをとることはなくなるでしょう。もちろんそういった段階ですべてを完璧に理解することは難しいでしょうが、細かい部分の確認は、あとから時間をかけて行えばいいのです。

まずパパッと骨格を組み立て、あとから頑丈に補強するというようなイメージです。

第4章　書評の技術・書評の教養

読まれる書評、読まれない書評、違いは？

書評を書く以上、それが読まれているか、読まれていないかはやはり気になってしまうところです。

とはいっても僕は、「読まれる書評」と「読まれない書評」の差に関する正確なデータを持っているわけではありません。そのため、なにもいう資格がないと思っています。ましてや、自分の書く書評がどちらに入るのかなど想像もつきませんし、考えるだけで怖くなってくるくらいです（小心者）。

だから推測するしかないのですが、それでもはっきりいえることがあります。書き手が「自分が誰で、どこにいるか」を理解しているものが読まれ（共感され）、そうでないものは読まれない（共感されない）ということです。

・書評が掲載される媒体はどんな人たちが読んでいるのか
・その人たちはなにを求めているのか

「またその話かよ」と思われてしまうかもしれませんが、しかし重要なのは、やはりこの点を理解しておくことです。あるいは、理解する努力をすることです。きちんとしたデータがなかったとしても、考えに考えて、読者像を思い浮かべるべきなのです。

それがわかると、「どれだけ〝自分〟を出すべきか」が感覚的にわかってくるはずです……と書ければ楽なのですが、実際のところ、「読者から見た自分はどういう人間なのか」を理解していない人が少なくないのも事実。理解していないからこそ、書き手の存在感が必要とされないキュレーションサイトのなかでも「僕は〜」「私は〜」を連発してしまうのです。そこで〝僕〟や〝私〟は求められていないということに気づいていないわけです。

正直なところ、それは非常にみっともないスタンスです。キュレーションサイトの読者にとっては、〝僕〟や〝私〟がなにを好きで、どう考えている人であるかなどどうでもいいことなのですから。

そこに気づかず〝個〟を強調してしまう人は、単に自分に注目してほしがっているだけ。書き手がそういう人間であったとしたら、それは素人の読者にもすぐに見破られてしまうはずです。にもかかわらず、本人だけが気づいていないのです。

読まれる書評を書く人の視点

そう考えると、「読まれる書評」が書ける人には共通点があることがわかります。

・どこまで〝個〟を押し出していいかなど）自分がいる位置や役割をきちんと理解している

・想定した読者のニーズを少しでも満たせるような文章を書きたいという意思を持っている

・世の中の流れを最低限でも把握している

・プロフェッショナルの仕事として自分の文章を俯瞰することができる

ということ。自分を出すか出さないかはそのあとで考えるべきことであって、自己アピールが先にきてしまってはいけないのです。

書かれた書評は、まず読者のためにあるべきだからです。そういう意味で書評家は、「おもしろそうな本の情報を知りたい」「この本がおもしろいのかどうかを知りたい」というような思いを抱いている人のニーズを叶えるために存在するといっても過言ではないわけです。そして、もしもその過程において、〝個〟を出す必要があるのなら、あるいは〝個〟を出すことで読者を惹きつけられそうであるというのであれば、そこで自分を出せばいいのです。しかも、出しすぎるのではなく、あくまでアクセント程度に。

〝個〟が前面に出ないと成り立たないエッセイの類であればまた話は別ですが、少なくとも書評の場合、書き手は〝個〟を出しすぎてはいけない。しかし、出さないわけにもいかない。出すことによって、文章がおもしろくなる可能性はあるから。

そう考えると、バランスが大切だということがわかるかと思います。適量のタバスコをかけたピザはおいしいので、かけないよりはかけたほうがいいかもしれない。けれど、かけすぎると辛すぎて食べられなくなってしまう。これと同じことで、〝適量〟具合が重要だということです。

書評と「批評」「感想文」の違い

単なることばの違いだと思われるかもしれませんが、少なくとも本気で書評を書きたいという意志があるのなら、書評と「批評」「感想文」の違いを理解しておくことはとても大切です。

それは、その書評が「どこにあるか」を理解することでもあります。その点が理解できなければ、大海原に向けて漠然と釣り糸をたれるようなもの。しかしそれでは、お目当ての魚など釣れるはずもありません。

「批評」とは、その対象（作品）の価値を評することであり、いいところも悪いところも同等に指摘するものです。個人が書くものである以上、主観的な要素も入り込むことになるでしょうが、なるべく客観的であるべきだと個人的には考えています。そのあたりのさじ加減は32ページに書いたとおり、「どこまで〝自分〟が求められているか」によると思いますが。

ちなみに似たことばに「批判」がありますが、批判の場合は否定的要素のほうが多いと思います。事実、『新明解国語辞典』の「批判」の項には、〔俗に単なる「揚げ足取り」の意にも用いられる〕とあります。

そこからもわかるように、批判の場合は必要以上に〝悪意〟が紛れ込んでしまう可能性があります。しかし批評を書こうというのであれば、それは避けるべきです。叩くことが目的なのではなく、いいところも悪いところも公平に指摘することが大切なのですから。

なお感想文は、小学生の読書感想文に明らかなとおり、自分が感じたことをまとめたもの。基本的には不特定多数の読者に向けて書かれるものではないので、書評と比べると、読者に提供することのできる情報量はきわめて少なくなると思います。

そうやって考えていくと、書評の立ち位置が漠然とイメージできるのではないでしょうか。あくまでも読者の参考になるように、主観を必要以上に挟まず（「そこそこ」には必要ですが）、客観性を維持した状態で書かれたものが書評だということです。

もちろん異論もあるでしょうけれど、僕はそう考えています。

作者の想いについてどう考えるか？

それが小説であれビジネス書であれ、本が書かれる以上、そこには作者の〝想い〟が盛り込まれます。作者は想いがあるから書こうとするのであり、読者もまた、作者の想いに触れたいと感じるからその本を読もうとするわけです。

ただし、よくいわれることですが、作者の想いは必ずしも作者の思惑どおりに伝わるものではありません。作者が「A」のつもりで書いたものを、読者が「B」や「C」や「D」と解釈する可能性はいくらでもあるということ。ですから書く側も、伝えたいことは必ずしも伝わるわけではないと覚悟したうえで書かなければならないのです。

僕も本を書くとき、（いま、まさにこの瞬間にも）そう考えながら臨んでいます。

つまり乱暴ないい方をすると、必ずしも作者の意図どおりに解釈する必要はないのです。作者の想いとは正反対の感想を持ってしまったとしても、それはそれで〝自分にとっては〟正しいのです。

読んだ人全員が共感するような作品など、あるわけがありません。あったとしたら、その裏側にはなんらかの策略があるかもしれません。それは冗談ですが、いずれにせよ人間はひとりひとり違うのです。みんなが同じ方向を向いてしまうとしたら、それはフラットな状態であるとはいい難いと思います。いいかえれば、本当に優れたものであるならば、評価は賛否両論に分かれるものなのです。

2016年に世を去ったプリンスは、熱狂的な支持者に支えられていたミュージシャンでした。彼のようなことができる人は、彼以外にいなかったからです。それほど個性的で、創造性に満ちていたのです。そのため、多くの熱狂的な「信者」を生むことになりました。

しかしその一方、「プリンスは苦手」という意見を持っている人も少なからずいました。その強烈さに共感できなかったという人たちです。

つまり優れたクリエイターやその作品とは、そのように評価が両極端に分かれるものなのです。分かれてこそ、公平なのです。

ですから受け手は、作者の想いを意識しすぎないほうがいいと思います。参考程度に知っておくことは大切でしょうが、基本的に、いいか悪いか、好きか嫌いかを決めるのは自分自身なのですから。

文章とリズム

僕は、文章にとってもっとも重要な要素は「リズム」だと考えています。リズムこそ命だといっても過言ではなく、その証拠に「読みづらい」「読む気がしない」と感じる文章は多くの場合、リズム感を欠いているものです。

リズム感はそれほど大切で、多少のアラはリズムによって覆い隠せるといってもいいくらいです。逆にいえば、リズム感のない文章ほど気持ちの悪いものはないのです。

ダンス・ミュージックがどの時代にも愛されているのは、そのリズム感が心地よいからです。理屈以前に体内のリズム感に訴えかけるからこそ、無意識のうちに自然と体が動いてしまうわけです。

ことばもそうで、いい例がラップです。ラップの魅力を形成しているものは、押韻（ライミング）や抑揚によって生まれる独特のリズム感（フロー）、グルーヴ感です。それが心地よいものとして受け入れられたとき、そのラッパーのスキルは聴き手に受け入れられるのです。

もちろん、同じことは文章にもいえます。書かれている内容が魅力的であることは当然必要ですが、それ以前に、まずは心地よいリズム感を持っていることが大きな意味を持つのです。

では、どうやったらリズム感を生み出すことができるのでしょうか？

これについては、「こうすればＯＫ」というようなマニュアルはないと考えるしかないでしょう。なぜなら、その人のリズム感は、その人のなかにしかないものだからです。つまり、自分のなかにある自分だけのリズム感を、自分だけの方法（感覚）によって表現すればいいのです。

僕の場合、リズム感を生み出すために重要なのは「テンとマルの位置」と「てにをは」だと考えています。

まずテンとマルの位置は、リズムを生み出すための要《かなめ》。音楽のリズムでいえば、バスドラムとスネアのようなものです。そして「てにをは」、すなわち助詞は、ハイハットのような役割。

音楽に詳しくない方にはわかりにくい比喩ですが（まだまだ表現力が足りないなぁ）、「テンとマル」「てにをは」が絡み合うことで、独特のリズム感、グルーヴ感が生まれるということです。

リズム感を生み出すための方法

端的にいって、リズム感を生み出すためには「読んで感じる」「書いて感じる」以外の手段はありません。

まず重要なのは、127ページでも触れたように好きな書き手の文章をたくさん読んで、その構造を〝感覚的に〟身につけること。文章講座の教則本を暗記するようなやり方ではなく、その文章の裏側にあるリズムを感じるべきだということです。

難しく感じられるかもしれませんが、「この人の文章が好きだ」と思える書き手の文章を読み込んでいけば、やがて必ず身につくものだと思います。

好きな書き手の文章を読み込むことは、決してつらくないはずです。だから、好きなものを好きなまま、読んで受け入れればいいのです。小難しいスキルやギミックは不要。純粋に「いいなあ、好きだなあ」と感じながら、それを読むことを楽しめば、おのずと〝吸収すべきもの〟がわかってきて、それは自然と身についていきます。

そこまできたら、あとは書くだけ。真似からスタートした文章表現は、書けば書くほどこなれていって、自分だけのオリジナルになっていく、すなわち自分だけのリズム感になっていくということです。

なお念のため、リズムのわるい一文とよい一文の例を次に挙げておきます（このことについては、186ページでも説明しています）。

［わるい例］

僕は彼がどうしてそれを好きだと何度も何度もいうのかの理由を知りたかった。

だから「好きな理由を教えてくれ」と伝えてみたのだけれど、彼の口から出てきた答えは僕の期待していたようなものとはかなり違っていた。どうしてかというと、「好きに理由なんかない」というものだったからだ。なんとなく感じが悪かったし、答えになっていないように思ってしまったのだ。

［よい例］

彼がなぜ、それを好きだと強調するのか、その理由を僕は知りたかった。そこで「理由を教えてくれよ」と伝えてみたのだが、返ってきたのは「好きに理由なんかねえよ」ということばだった。ある意味で、非常に明快である。そのため反論できなかったのだが、もう少しわかりやすく答えてほしいという思いも残りはした。

自信を持つ

ただし、いくら「自分の文章を好きになれ」といっても、そこまで到達するのは決して簡単なことではありません。むしろ、「これでいいのだろうか?」と迷ったり悩んだりすることのほうが多いだろうと思います。こんな偉そうなことを書いていますが、僕だって毎日、「これでいいのだろうか?」という思いが頭から離れることはありません。

でも、それでいいのです。文章に「正解」はないのですから。

昔、音楽ライターになる前のことですが、自分で勝手に書きためた原稿を、ある編集者に読んでもらったことがありました。しばらくして、どう思われたか気になったので電話をかけて感想を聞いてみたところ、返ってきたのは次のような答えでした。

「うーん、いいと思うんだ。いいんだけど、もっと自信を持って書けば? 読んでると、『これを書いたらこう思われるんじゃないか』って怯えながら書いてるように感じるんだよね。でも、人がどう思うかなんてどうでもいいんだよ。君がそう思ったことが大切なんであって、だから極論であったとしても、断言しちゃっていいと思うんだ。それくらいの強さは持っていいと思う」

25年以上前のことですが、とてもありがたいアドバイスをいただけたと思っています。その証拠に、以後、自分のなかのモヤモヤしたものが晴れました。そして音楽ライターとして、スタートダッシュをかけることができたのです。

そしてあのことばは、いまだに僕の人生訓になっています。

決して強くはない人間だという自覚があるからこそ、無理をしてでも自信を持たなくてはいけないと考えているのです。

書き手の思いは、文章にも表れるものです。自信がない状態で書いた文章だったとしたら、過去の僕の文章のように「怯えながら書いている」と思われるかもしれませんし、逆に自信が伝われば、読者はその文章に安心し、信じようという気持ちになるものだということです。

ヒップホップと自信

自信について考えるとき、僕はいつもヒップホップのことを思い出します。ヒップホップは、いままで生きてきたなかでいちばん大きな影響を与えてくれたカルチャーでもあります。

特に精神性という意味において、オールド〜ミドルスクールと呼ばれる1980年代の黎明期から成熟期にかけてのヒップホップには強く共感できました。

まず惹かれたのは、トラック（リズム・トラック）の重量感や迫力でした。それは「ヒップホップ以前」に聴いてきた音楽にはなかったものだったので、音楽性そのものに感覚を大きく揺さぶられたわけです。

そしてもうひとつのポイントは、ラップでした。具体的には、「ことば」で勝負をかけるラッパーたちが多かれ少なかれ共通して持っている「絶対的な自己肯定感」に勇気づけられたのです。

「俺はすごい」「俺が一番」「俺は強い」などなど、ビッグマウスであることは初期のラッパーの必須条件でした。もちろん、いまでもその傾向は引き継がれていますが、当時は「ゲーム」の一環として、それがもっと大げさだったようにも思います。つまり、偉そうな口を叩くことが、ラップ・ミュージックを魅力的に感じさせていたわけです。

ただ、そのことについて考えるたび、彼らラッパーがリリック（歌詞）を書いているときの心の動きを、僕は勝手に想像してもいたのでした。

たとえば「俺は誰よりも強い」「ラップが一番うまいのは俺だ」など大きなことを紙に書いているとき、「こんなに大層なこと書いちゃっていいのかなぁ……?」と葛藤することもあったのではないだろうかということ。自分だったら、そういうことを考えてしまうのではないかと思うんですよね。

ラッパーの基本は絶対的な自己肯定意識なので、そんなことを考えるようではラッパーにはなれないのかもしれません。しかし人間である以上、少しばかりはそんな葛藤が頭をよぎる瞬間もあるのではないかと思えてしまうのです。むしろ、それは当たり前のことなのではないかと。

なのに、そう感じさせないところに、彼らの強さがあると感じたわけです。

しかも本当に力のあるラッパーは、そうやって口に出したことを現実のものにしてしまいます。「できるかできないか」と悩むのではなく、(やったことがないことであっても)「できるんだよ!」と宣言してしまう。そして、口に出した以上は、そのことばに責任を持ち、「できる」といい切ったことを実現してしまう。〝有言実行〟的な強さがあるということです。

文章を書く人はラッパーに学べ

人間である以上、自分のすべてに自信を持つことはできません。にもかかわらず、「やる」と口に出して本当にやる。そこに人としての力を感じ、それがラップの強みだとも考えるのです。

根っこにあるのは「根拠のない自信」かもしれません。が、結果としてなにかにつながるのであれば、それもまた力であるはず。

いずれにしても、自信がなかったところをズバリと指摘されたり、ラッパーの「いい切る力」にパワーをもらったりした経験があるからこそ、文章を書く人もラッパーに学んで自信を持つべきだと思っています。

その自信には根拠がないかもしれないし、ハッタリの部分も多分に含まれているかもしれない。しかし、気持ちに嘘がないのであれば、それはいつか、読む人を納得させる力となりうるはずだからです。

ただしそのためには、自分をとことんさらけ出す必要があります。書き手が思っているよりもずっと、読者は賢く、鋭い視点を持っているものです。つまりハッタリをかました場合でも、その中身がスカスカであったとしたら、すぐにばれてしまうということ。中身のなさがばれてしまったとしたら、当然ながら信用を失うことになり、場合によってはもう二度と評価されなくなってしまうということも考えられます。

だから読者をなめてはいけないし、こちらも、なめられないような芯を持っていなくてはいけないのです。

なお余談になりますが、僕がライターになろうと決心したのは、2018年に亡くなったＥＣＤというラッパーの「アタックＮｏ．１」という曲のリリックがきっかけでした。1992年のファースト・アルバム『ＥＣＤ』の後半にひっそりと収められていた、どちらかといえば目立たない曲です。が、いろいろつまらないことで悩んでいた自分の背中を、「やってみりゃいーじゃん！」とＥＣＤさんが押してくれたような気がしているのです。

やりたいことがあるならアタック　ボヤボヤしないで早く支度　チャック上げて

社会の窓ピシャッとシャットアウト　お節介な御託
　気にするこたない　そうだよまったく　親泣かせるにもいらない屈託
チクタクチクタク時計はチクタク刻む時速く感じちゃ失格
　地球は自分ひとりのもの　それくらい強気でなんとか合格　せっかく生まれてき
たのにちょっとの恥かくこと怖がってちゃオタク
　誰も見てない聞いてない　錯覚だってば君は深く考えすぎだよ　見る前に高く飛
べって言ってたのは１９６０年代の純文学　え、君生まれてない？　そいつは不覚
　ダイヤモンドだね　ああ輝く磨けば光る艶も出る光沢　石ころだって信じりゃご
利益　ニワトリに熊手つけりゃクジャク
　いっちょ行こうかここいらでめでたく　一花咲かせて散ろうぜでっかく
　やりたいことがあるなら　いまのうち
　やりたいことがあるなら　いまのうち
　やりたいことがあるなら　いまのうち
　やりたいことがあるなら　アタック！

（「アタックＮｏ．１」より）

書評とDJ

僕は1980年代中期に機材を揃え、〝ベッドルームDJ〟の期間を経てソウル・バーやボウリング場などでDJを始めました。仕事の片手間の、ほんの遊びではありましたが。そして90年代に入ると、活動の場を都内の複数のクラブに移しました。00年代初頭には、やめようと考えて身を引いていた時期があるのですが、結局は十数年前に復活。現在も、下北沢と新宿のDJバーで定期イベントを開催しています。

DJカルチャーに惹かれたのは、DJが、聴いてくださる人たちに向けて〝伝えたいこと（音）〟を発信できる立場だから。そして、そうすることによって、多少なりとも喜んでもらえるからです。

いいと思った曲をかけた結果、声援が上がり、みんなが踊り始めたりしたとしたらどうでしょう？　それは、多少なりともやりがいにつながるはずです。つまり、そういう単純なうれしさが、DJをする際のモチベーションになっているのです。

同じことは書評にもいえます。たとえば選書をする際に考えるのは、「この本は、◯

○○○（掲載媒体）の読者に役立つのではないか？」というようなことです。共感してもらえるような本の書評を、（なるべく）響きやすいタイミングでアウトプットする。その結果、相応の反響をいただくことができる――僕のなかでこうした流れは、ＤＪプレイでお客さんたちが盛り上がってくれることと同等の意味を持っているのです。

ＤＪにしても書評にしても、大切なのは「受け手の感じ方」。ＤＪをしているとき、明らかにお客さんたちが踊りたがっているのに、自分の気分を優先してバラードをかけたってなんの意味もありません。ニーズに応えていないからです。

書評も同じで、「社内の雰囲気を改善したい」と悩んでいるビジネスパーソンに対して「テレワークのコツ」みたいな本を紹介したところであまり意味はありません。それは極端な例ですが、つまりはＤＪも書評も、望まれている情報（ＤＪの場合は曲、書評の場合は本）を、ちょうどいいタイミングで、相応のターゲットに投げかけることが重要なのです。

書評家と音楽

さて、音楽の話題をもう少し。

音楽ライターとして活動し始めたころ、文章を書いているときにも僕は常に音楽を流していました。ジャンルはさまざまですが、そのころいちばん多かったのはヒップホップ／R&Bだったと記憶しています。それらのジャンルについて書くことが多かったせいもあるのですが、純粋にヒップホップやR&Bのビート感が好きだったことも大きかったと思います。

あのころは、流している音楽に合わせて体を揺らしながら書いていました。いま思えば、それが文章のリズム感にも少なからず影響を与えていたような気もします。

ところがそれから二十数年が経ち、現在の僕は文章を書いているときほとんど音楽をかけていません。つまり、無音です。執筆中に音楽を流すとしたらクラシックが圧倒的に多いのですが、最近では（少なくとも書いているときには）クラシックすら必要ないと感じるようになってきたのです。

かといって音楽が嫌いになったわけではなく、それ以外の時間に聴くことはもちろんあります。理由は定かではありませんが、音楽との向き合い方が変化してきて、それは少なからず文章にも影響を与えているのかもしれません。

「ビームス創造研究所」のクリエイティブディレクターであり、〈BEAMS RECORDS〉ディレクターでもある青野賢一さんにその話をしたところ、「僕もそうですよ。家では無音です」という答えが返ってきました。青野さんのDJ歴は僕よりはるかに長いので少し意外でしたが、でも同時に、すごくわかる気もしました。

音楽との向き合い方は変わっていくものだし、家にいるとき無音だったからといって、デメリットが生じるものでもない。それどころか、無音状態で生活するからこそ、DJの鮮度を保てるということなのかもしれません。

自然の音が与えてくれるもの

なお執筆中に音楽を聴く回数が減ったかわりに、最近では「自然音」を聴いたりもしています。特に気に入っているのは、自然音録音家／ネイチャーサウンドアーティストであるジョー奥田さんの作品。

これまでにも四万十川や奄美大島、屋久島、そして現在の拠点にしておられるハワイの自然音などを収録した作品を発表されており、それらもよく聴いていたのですが、明治神宮の24時間をバイノーラルレコーディング（人間の頭部の音響効果を再現したレコーディング技術。あたかもその場にいるかのような臨場感を体験できる）した2018年作『Tokyo Forest 24Hours』に大きな衝撃を受けたのです。

本作の特異性は、いわゆる自然音だけが入っているわけではないという点です。四万十川や奄美大島なら自然音しか入ってきませんが、なにしろ明治神宮は東京の真ん中。林の中の道を歩く人の足音や話し声、すぐ近くの原宿駅から聞こえてくる電車の音やアナウンス音、救急車のサイレン音など、「都市の音」が自然音と融合しているのです。

僕はそこに共感しました。東京で生まれ、いまも暮らしている自分にとっては、それらの「人工音」も「自然音」だという思いがあるからです。

そんなこともあってか、この作品を流しながら書くと、文章がスムーズに流れていくような気がします。いま、書きながら思ったのですが、最近の僕が執筆中に音楽をあまりかけなくなったきっかけのひとつが、およそ二年前にリリースされたこの作品だったのかもしれません。

いずれにしても、最近はこれまで以上に「日常の音」に心地よさを感じるようになっており、窓を開けて外の音を聴きながら書くことも少なくありません。我が家の前を通る人の足音、話し声、大通りから聞こえてくる車の走行音、飛行機の飛ぶ音など、さまざまな音が刺激を与えてくれるのです。

おそらくそれらは自分でも気づかないうちに、僕の文章になんらかの影響を与えてくれているのだろうと思います。

文章とデザイン（見えかた）

実際のところ、文章とデザインやアートには、あまり関連性がないと思います。が、昔グラフィックデザインをかじっていたせいもあってか、文字の並び方はどうも気になってしまうのです。

書評だけの話ではなく、すべての文章にいえることですが、その面（ページ）を構成する文字の並び方によって〝見え方〟が変わってくるからです。見え方に心地よさを感じたとしたら、その文章を読みたくなったりもするでしょうし、意外と重要なことではないかと思っているのです。

リズムがそうであるように、見え方にとっても重要な意味を持つのが「テン」と「マル」、そして行間のアキです。そこにテンやマルがあるか、行間が空いているか、もしくは字間が詰まっているか否か、漢字を使うかカナにするかなどによって見え方は変わってきて、それがうまく作用すれば読書欲を刺激するからです。

たとえば、こんな文章があったとしましょう。一見するとなんの変哲もない文章ですが、僕はこれを書きながら自分なりに、テンとマルの位置を意識しています。そうすることによって文章にリズムが生まれてくるものですし、グラフィックとしての見え方にも違いが出てくるはずだと信じて疑わないからです。もしかしたら、

「考えすぎだよ」と思われる方もいらっしゃるかもしれません。けれど、僕にとってそれは重要なこと。カナと漢字の量のバランス、テンとマルの位置、その見え方など、すべてを大切にしたいのです。

という文章から、テンをなくしたらどうなるでしょうか?

たとえばこんな文章があったとしましょう。一見するとなんの変哲もない文章ですが僕はこれを書きながら自分なりにテンとマルの位置を意識しています。そうすることによって文章にリズムが生まれてくるものですしグラフィックとしての見え方にも違いが出てくるはずだと信じて疑わないからです。もしかしたら「考えすぎだよ」と思われる方もいらっしゃるかもしれません。けれど僕にとってそれは重要なこと。カナと漢字の量のバランステンとマルの位置その見え方などすべてを大切にしたいのです。

息が詰まりますよね。見え方も、なんとなく窮屈な感じがします。なお見え方については、これはいかがでしょうか？

たとえば、こんな文章があったとしましょう。一見するとなんの変哲もない文章ですが、僕はこれを書きながら自分なりに、テンとマルの位置を意識しています。そうすることによって文章にリズムが生まれてくるものですし、グラフィックとしての見え方にも違いが出てくるはずだと信じて疑わないからです。もしかしたら、「考えすぎだよ」と思われる方もいらっしゃるかもしれません。けれど、僕にとってそれは重要なこと。カナと漢字の量のバランス、テンとマルの位置、その見え方など、すべてを大切にしたいのです。

字間を1文字ずつ空けてみた（指が疲れました）だけなのですが、だいぶ見え方が違ったことがわかります。

タイポグラフィ（簡単にいえば、文字を情報として、そしてデザイン要素として応用した手法）の原点ですが、どうあれ、これだけでも見え方は変わってくるのです。だとしたら、それを意識しない手はないと個人的には考えるわけです。

書評とネタばらし

ネットの普及に伴って、「ネタバレ」ということばが一般化しました。いうまでもなく「ネタがバレ」ることですが、「ネタばらし」をする人が増えたからこそ、ネタバレが問題視されるようになったのかもしれません。

なにかのトピックをセンセーショナルに公表して注目を集めたいとしたら、インターネットはきわめて効果的なツールとして機能してくれますからね。

とはいえどんな状況であっても、ネタばらしは知的な手段ではないと思います。「ばらしたい」という欲求を優先し、一方的にばらしてしまったとしたら、（答えを知らされてしまうことで）本来の楽しみを失ってしまう人も出てくるわけですから。

つまりネタばらしは、その当人の欲求を満たすためだけのもの。だとしたら、それは避けなければなりません。

そして同じことは書評にもいえます。小説であれノンフィクションであれ、すべての著作物にはクライマックスがあります。読者には、最終的にそこへ行き着き、自分の目でそれを確かめる楽しみがあるわけです。だとすれば、その楽しみを侵害すべきでないのは当然の話。書評でも、ネタばらしは許されるべきではないということです。

しかしネット上には、そういった配慮をせず、安易にネタばらしをしてしまっている人もいます。もちろん世の中には、「読むのが面倒だから」という思いから、それらをチェックして「読んだつもり」になっている方もいるでしょう。しかし、おそらくはそれ以上に「ネタばらしはしてほしくない」と望む人もいるはず。だとしたら、絶対にそれは避けるべきです。

ギリギリのところまで踏み込んではいるけれど、決してネタはバラさない――難しいことではありますが、重要なのはそのテクニックだと思います。

「結末を知りたい！」とその気にさせておいて、ギリギリのところで隠す……なんだか表現が下ネタっぽくなってしまいましたが、結末のある本の書評を書くに当たっては、そんな〝ギリギリ感〟が重要な意味を持つということです。

読む人を想像する

先に触れたとおり、ライフハッカーで書評を書き始めたときから、僕は読者像を具体的にイメージしてきました。年齢は何歳くらいか、どんな性格か、仕事についてどんな考えを持っているか、どのような姿勢で仕事に臨んでいるか、目標をどこに設定しているか、書評になにを求めているかなど、いろいろ具体的なことを細かく（勝手に）想像したのです。

つまりマーケティングのようにすごいことをしたわけではなく、あくまで感覚的に頭で思い描いてみただけのこと。長所のみならず短所や弱点まで考えたため、ここでそれを明かすわけにはいきませんが、少なくとも無駄な作業ではなかったようです。

というのも、かなりあとになってからライフハッカーの媒体資料を見てみたところ、そこに書かれていた読者イメージと、僕が思い描いていたそれはほぼ合致したからです。まんざら的外れでもなかったわけです。

ですからそれ以降、他媒体についても、できる限り読者像を自分の感覚で捉えるようにしています。感覚に頼る以上は想像の域を超えないので、イメージのすべてが実像と重なるとは限りません。しかし不思議なことに、なるべく具体的に想像すればするほど、そのイメージは実際の読者像に近づいていくのです。

それを実感しているからこそ、読む人を想像することは、書評を書く際にも大きなメリットになると考えています。大きな勘違いもあるかもしれないけれども、その勘違いをどんどん具体的に掘っていくと、少しずつ実像に近づいていくような感覚を得ることができ、書きやすくなるのです。

単なる妄想といわれればそれまでかもしれませんが、あながち無意味なことではないと感じています。

なお、この感覚はあらゆる仕事に応用できると思います。たとえば会社員時代、僕は苦手なクライアントからオリエンテーションを受けたことがあります。最初は「早く終わらないかなぁ」と思いながら聴いていたのですが、そのうちなんとなく「この人にも、好きで結婚した奥さんや、かわいがっている子どもがいるのかもしれないな」などと考え始めたところ、変化が起こりました。

それまで強気に自我を押しつけていたその人が、ふとため息をつき、「……俺も大変なんだよ。疲れちゃってさ……」と愚痴をいい始めたのです。その結果、なんとなく通じ合うものができ、その人との距離が一気に縮まったのでした。

単なる偶然かもしれませんが、相手の見えない部分を想像してみたことで、僕のなかからその人に対する苦手意識や偏見が消えていったのは事実。ですから、もしかしたらそういった思いが知らず知らずのうちに伝わったのかもしれません。

非現実的ではありますが、そんな経験があるからなおさら、僕は「想像する」ことの意義を感じてしまうのです。少なくとも、それは無駄なことではないはずだと。

僕の書評の書き方

僕はものごとを論理的に、筋道を立てて考えていくことが苦手です。早い話が左脳的な論理的思考や計算に向いておらず、典型的な右脳人間。したがって書評を書く際にも、きちんと論理立てて書くことはほとんどありません。

「もしかしたら、非常に遠回りをしているのかもしれないなぁ」などと漠然と感じつつも、基本的には出たとこ勝負で執筆に臨んでいるわけです。そのため、ときには「うまくいかなかったから書きなおし」となることもないわけではありません。

でも、そうなる確率は100回のうち1回程度ですし、「その程度だったら別にいいや」と軽く考えてもいます。早い話が「ノリ一発」なので、偉そうにレクチャーできるようなことはないのです。

ただし、書こうという段階で（漠然とですが）「アタリ」はつけるようにしています。読み終えたとき印象に残った部分を、なんらかのかたちで際立たせるのです。

1：導入
2：ファクト（事実）の紹介
3：まとめ

多くの場合、書評の流れはこのようになると思います。たとえば冒頭の1でそのことを引き合いに出し、その流れのまま2で読者が興味を持ってくれそうな関連トピックスをちりばめ、3で1の話をまとめる、といったような感じです。

それも感覚的に進めていることではあるのですが、大まかにこうした流れをたどることによって、文章にはバランス感覚が生まれ、それが説得力につながっていきます。

なお変化球として、まず3を（頭のなかで）まとめておき、最終的にそこへたどり着くように1、2を書き進めていくというテクニック（というほど大層なものではない）

もあります。

書評のセンスとコツ

いま、書きながらふと感じたのですが（ほら、僕はいつもこんな感じなのです）、もしかしたら書評にとって大切なものは「センス」と「コツ」かもしれません。もちろん大前提として文章力は不可欠ですが、考え方によってはセンスとコツのほうが重要だともいえる気がするのです。

極端な話、文章力が足りなかったとしても、センスがあればなんとかなるもの。というよりも、センスの有無は文章力よりも力を持つ場合があります。「ここでこういうことを、こういう表現を使って書いてみるといいかもな」ということを感覚的に思い浮かべることのできるセンスがあれば、あとはなんとでもなるということ。

では、どうすればセンスを磨けるのでしょうか？　当然ながら先天的なセンスも影響してくるでしょうが、かといって先天的な才能がなければ無理というものでもないと思います。

つまり、センスは磨き、育てることができるわけです。そのために必要なのは、やはり、読んで、書くこと。教科書どおりの結論だと思われるでしょうが、やはりこれに勝るものはありません。

それからもうひとつ重要なのは、いろいろなものごとに関心を持ち、疑問を抱くこと。これまた当たり前ではあるのですけれど、好奇心なくして成長は望めないと思います。

そしてセンスが磨かれていけば、やがてそれを活用するために有効な「コツ」が頭に浮かんでくるものです。経験的に、そのコツを利用してみて失敗することはきわめて少ないと思います。したがって、そこまでたどり着いたら、あとはそれらのセンスとコツを使いまくってトライ&エラーを繰り返すべき。

最初はうまくいかないかもしれませんが、その繰り返しは間違いなく、表現者としての芯を強固なものにしてくれるはずです。

僕が大切にしていること

書評に限らず、文章全般にいえることなのですが、「書く」という作業を行うにあたって、僕には常に心がけていることがあります。それは、「受け手（読者）のなかには多少なりとも〝冷めた視点〟があると考えるべきだ」ということ。

必ずしも好意的に読んでもらえるとは限らず、（文章やその書き手から）距離を置いていたり、冷ややかにそれを見ていたり、ツッコミどころを探そうとしていたりする場合もあるということです。

とはいえそれは、読者を悪くいいたいという意味ではありません。でも人間にとって、それは〝あって当然のこと〟だと思うのです。事実、僕自身も人の文章を読むとき、自分のなかに意地の悪い視点が多少なりともあることに気づく瞬間があります。

誰かの文章を読むとき、その人は読もうとしている文章に〝完璧さ〟を期待するものだと思います。難点のある文章を読みたいと願う人はいませんから、それは当然です。

しかし、必ずしも読者が考える完璧さと、書き手の考えるそれが合致するとは限りません。人はそれぞれ価値観が異なるので、書き手がベストだと思って書いたものが、ある読者にとってはワーストだったということも考えられるのです。

でもそれは、仕方がないこと。むしろ、万人受けをすることだけを意識して書いたとしたら、その文章は味気ないものになると思います。

そういう意味で書き手は、自分の書いたものを〝冷めた視点〟でジャッジされる覚悟を持たなければいけないという考え方。ただしその際、単に開きなおるのではなく、「できること」はしておくべきだと思ってもいます。

「どうせツッコミを入れられるんだから」と開きなおったり手を抜いたりするのではなく、「ツッコミを入れられないように」することが重要なのです。ツッコミが入るということは、どこかに隙があるということです。基本的に読者の視点は鋭いので、もし隙があればすぐに見抜かれてしまいます。書き手にとって、誰よりも手強い相手が読者なのです。

だとすれば書き手が意識すべきは、ツッコミを入れられるような隙をつくらないことです。「ツッコミたくてもツッコメない」というほど、完成度を高める必要があるわけです。もちろんその一方には、なにを書いても評価してくれるような好意的な読者もいるはずです。そういう人たちには感謝しなくてはいけませんが、そこで安堵してはいけないのです。

好意的な人がいれば、そうでない人もいる。だとしたら、後者が納得せざるを得ないような文章を書くことが書き手の役割なのではないでしょうか。

そしてその際、やはりなによりも重要なのは「誠実さ」だと思います。

文章力より大切なこと

「書評を書いてみたいんですけど、どうしたらいいですか」

これまでに何度か、そう聞かれたことがあります。僕が書評を書くようになったのはいくつかの偶然が重なったからにすぎないので偉そうに語る資格はないのですが、しかし、この問いに対する答えは非常にシンプルです。

書きたいなら、書いてみればいいのです。178ページに引用した「アタックNo.

1」の精神です。逆にいえば、「どうしたらいいですか？」などと聞く必要はないのです。書けばすべてが解決するのですから。人に聞くだけ時間が無駄です。人生で与えられた時間は限られているのですから、書きたいのであれば書くべきです。

それに、いまは非常に恵まれた時代です。少し前まで、書いたものを公開する場は限られていましたが、インターネットが普及したことで状況は大きく変わりました。SNSやブログ、多くのサイトが存在していて、誰でも自由に書いたものを公開できるのですから、そこにはチャンスしかないわけです。

だとしたら、書かなければ損です。つまり、なによりもまず、「やる気」と「行動力」が必要であり、そのふたつをフルに活用できる人が、自分でも（ある程度は）納得できる書き手になれるのではないでしょうか？

ただし、書いて公開することに慣れてきたら、その時点で気をつけるべきは「驕《おご》らない」ことです。書いて公開することを続けていると、やがて書き方や伝え方がわかってくるものです。そして、それを支持してくれる読者がつくかもしれません。

でもそうなると、自分を過大評価してしまう危険は誰にでも訪れます。ほめられればうれしくて当然ですから、無理もない話なのです。ですから場合によっては、そこで驕ってしまう危険があるということ。
ただし多くの場合、それは勘違いです。そのことに気づかないでいると、やがて信頼を失うことにもなりかねません。でも信頼されなければ、読んでもらうことはできません。そういう意味でも、文章力や情熱以上に、読んでくださる人への感謝の気持ちがなにより大切だと僕は感じるのです。

書評を書く際に忘れるべきではないこと

そして、そう感じるからこそ、書評を書いてみたいという方には忘れないでおいていただきたいことがあります。これは大切なことなので、箇条書きにしておきたいと思います。

1：書きたいことを書く　2：伝わるように書く　3：リズム感を持たせる

4：常に疑問を抱く　　5：驕らない

まだまだあるような気もしますが、どうしても忘れていただきたくないことは、詰まるところこの5つです。

1「書きたいことを書く」に関してはいわずもがなですが、書くことが習慣化し、読み手がついてくると、書きたいことを書けないという矛盾に直面することもなくはないのです。たとえばその本の著者などに、必要以上に気を遣ってしまったり。

でも、その本や著者を非難することは避けるべきですが、かといって持ち上げすぎる必要もありません。無理してほめたり持ち上げたりすると、そこにはなにかしらの矛盾が生じてしまうからです。したがって、非難せず、ほめすぎもせず、淡々と思いを綴るべきなのではないでしょうか。

2「伝わるように書く」も、当たり前のようで非常に重要。評論であるはずなのに自分のことばかり書いているような文章がたまにありますが、それは個人的なエッセイであり、評論文ではありません。書評を書こうというのなら、その本について伝えたいことを簡潔に述べる必要があるのです。

そしてそのためには3「リズム感を持たせる」ことが大切。168ページにも書きましたが、文章にリズム感があると、人は読みたいという気持ちになるものだからです。そこで、自分なりのリズム感を一日も早く身につけるべきだと思います。

ある程度の自信がついてくると、それなりに満足感を得ることができるかもしれません。しかし、自分の書いたものについて「これでいいのだろうか」と4「常に疑問を抱く」ことは避けて通れません。自分が満足していても、人が同じように感じてくれるとは限らないからです。

そのため5「驕らない」で、「これでいいのか」「もっとよくならないのか」というように、書いたものを疑うことはとても大切なのです。そして将来的にも書いていく気があるのなら、その疑問は死ぬまで持ち続けるべきだと思います。

僕は、そう意識しています。

おわりに

亡き父は昔、出版社で編集者をしていました。定年退職後は別の会社に再就職しましたが、どうやら水が合わなかったらしく、結局はほどなく退社。以後は家で、長年勤めた会社から回ってくる〝書き仕事〟をしていたようでした。

自分で削ったたくさんの鉛筆を居間の卓上にきちんと並べ、広げた原稿用紙を文字で埋め続ける姿を見ながら、つくづく大正生まれの人間だなあと感じたものです。

子どものころは父を見て漠然と、「僕も大人になったら同じ仕事がしたい」と思っていました。ところが小学4年生のときに大怪我をし、人生が大きく変わりました。

なにしろ脳挫傷で20日間意識不明だったりしたので、そりゃあもうインパクトは絶大。復帰後も周囲からは「あの子はもうだめだよね」というような目で見られるようになり、いろんなことに絶望するしかなくなったのです。もちろんそれ以来、父と同じ仕事をするなども「考えられないこと」となりました。

そのため20代以降もしばらくは、イラストレーションやグラフィックデザインなどの仕事をし、文章に関わる仕事を避けながら生きていました。しかしデザインの仕事の流れでコピーも書くようになり、やがてそちらの比重が大きくなっていったのですから不思議なもの。すると次第に、「書く仕事がしたい」と思うようになっていきました。

30代に入ってからは音楽ライターになり、専門誌の編集長を務めたりもし、以後はフリーライターとして一般誌を中心に書いてきました。そして、気がつけば作家として本を書くようになり、さらには書評家としての知名度が大きくなっていたのです。

先日、ずっと目を背けていたことに視線を向けてみたら、あることに気づきました。それは（少なくとも僕にとっては）衝撃的な事実でした。

原稿用紙に向かって鉛筆をカリカリと動かしていた父があのころ、文芸評論家として第二の人生を踏み出していたということです。ほどなく脳梗塞を患ったため志半ばのまま短期間で断筆しましたが、思えば当時の父は「書評」を書いていたのです。

つまりいまの僕は、父が果たせなかったことを知らず知らずのうちに引き継いでいたとも考えられるわけです。

父は文芸、僕はビジネス書やドキュメンタリーなどと、担当分野は違いますが、それでも非常に不思議な気がしました。

ここに至るまでには、親子や家族に関するトラブルなど、いろいろなことがあったのも事実です。しかしようやく、「結局はこれでよかったのかもしれないな」と感じることができるようにもなりました。

だからこそ、これからも誠実に書き続けていきたいと思っているのです。

最後になりますが、連載が多すぎて肝心の新刊が書けないという自己矛盾に陥るなか、ただ「お待ちします」と暖かく見守ってくださった内田克弥編集長に感謝します。

２０２０年２月

印南敦史

書評の仕事

著者　印南敦史

2020年4月25日　初版発行

発行者　横内正昭
編集人　内田克弥
発行所　株式会社ワニブックス
〒150-8482
東京都渋谷区恵比寿4-4-9えびす大黒ビル
電話　03-5449-2711（代表）
03-5449-2734（編集部）

カバーデザイン　小口翔平＋三沢稜（tobufune）
ブックデザイン　橘田浩志（アティック）
校正　玄冬書林
編集　内田克弥（ワニブックス）

印刷所　凸版印刷株式会社
DTP　株式会社 三協美術
製本所　ナショナル製本

ISBN 978-4-8470-6639-9
ワニブックスHP　http://www.wani.co.jp/
WANI BOOKOUT　http://www.wanibookout.com/
WANI BOOKS NewsCrunch　http://wanibooks-newscrunch.com

印南敦史（いんなみ あつし）
作家、書評家。株式会社アンビエンス代表取締役。1962年東京生まれ。広告代理店勤務時代に音楽ライターとなり、音楽雑誌の編集長を経て独立。書評を出すたびAmazonランキングが急上昇する人気の書評家となる。主な書評発表媒体に、「ライフハッカー［日本版］」「東洋経済オンライン」「ニューズウィーク日本版」「マイナビニュース」「サライ.JP」「WANI BOOKOUT」など。年間約500冊という驚異的な書評量を誇る。著書に『遅読家のための読書術』（ダイヤモンド社）、『プロ書評家が教える　伝わる文章を書く技術』（KADOKAWA）、『読んでも読んでも忘れてしまう人のための読書術』（星海社新書）のほか、音楽関連の著書も多数。